Krishnamurti
AUTORITÄT UND ERZIEHUNG

Weitere Titel im selben Verlag:

IDEAL UND WIRKLICHKEIT
Gedanken zum Leben I

*

KONFLIKT UND KLARHEIT
Gedanken zum Leben II

*

VERSTAND UND LIEBE
Gedanken zum Leben III

*

FREI SEIN!

*

SCHÖPFERISCHE FREIHEIT

*

**REVOLUTION
DURCH MEDITATION**

Gedanken zum Leben

Aus den Tagebüchern von

J. Krishnamurti

herausgegeben von D. Rajagopal

3 Bände
mit insgesamt 202 Kapiteln

Jedes Kapitel behandelt anhand einer Begegnung mit Menschen und ihren Problemen und Konflikten Grundfragen und Lebensprobleme, wie sie sich jedem Menschen stellen.

Krishnamurti philosophiert nicht im Abstrakten. Er führt anhand alltäglicher Beispiele und Begegnungen zu einer neuen Geisteshaltung, zu einer neuen Art der Anschauung des Ich und der Umwelt:
»Das bloße Erkennen der Tatsache, daß die Mauern fallen müssen, ist schon genug. Jeder Versuch, sie abzubrechen, setzt unser Verlangen nach dem Erreichen und Gewinnen in Bewegung und führt zum Konflikt der Gegensätze.
Es ist an sich genug, das Falsche als falsch zu sehen; denn diese Erkenntnis wird unseren Sinn von dem Falschen befreien.«

J. KRISHNAMURTI

Autorität und Erziehung

HUMATA VERLAG HAROLD S. BLUME

AUSLIEFERUNG

Deutschland
Humata / Schwabe GmbH, 61286 Bad Homburg, Postfach 1645
TEL 06172 / 2 11 75 - FAX 06172 / 2 15 44

Österreich
Humata / Koppitsch, 5020 Salzburg, Bergstr. 16
TEL. 0662 / 87 35 67

Schweiz und andere Länder
Humata Verlag CH - 3000 Bern 6
TEL 031/ 352 46 00 - FAX 031 / 351 62 55

*

*Verlangen Sie den grossen illustrierten Humata - Verlagskatalog
bei Ihrem Buchhändler oder beim Verlag*

*

AUTORITÄT UND ERZIEHUNG
5. Auflage

ISBN 3-7197-0348-7
Interner Verlagscode 9-430-52-7
Aus dem Englischen übersetzt von Dr. Annie Vigeveno
(Titel der Originalausgabe: «Education and the Significance of Life».
Int. Copyright by K & R Foundation, Ojai)
© Humata Verlag Harold S. Blume, CH-3000 Bern 6
Jegliche Reproduktion, ohne schriftliche Genehmigung
seitens des Verlags, verboten

INHALT

I. Erziehung und Bedeutung des Lebens 7

II. Richtige Erziehung 15

III. Verstand, Autorität und Einsicht 51

IV. Erziehung und Weltfrieden 69

V. Die Schule 87

VI. Eltern und Lehrer 103

VII. Geschlecht und Ehe 119

VIII. Kunst, Schönheit und Schöpfung 125

I.

ERZIEHUNG UND BEDEUTUNG DES LEBENS

WENN MAN UM DIE WELT REIST, KANN man beobachten, wie erstaunlich die menschliche Natur sich überall gleicht — sei es in Indien oder Amerika, in Europa oder Australien. Das trifft ganz besonders auf höhere Schulen und Universitäten zu. Wie aus einer Form gegossen, bringen wir einen Typus Menschen hervor, deren Hauptinteresse darin besteht, Sicherheit zu finden, eine bedeutende Persönlichkeit zu werden oder mit dem geringsten Aufwand an Denken sich möglichst zu vergnügen. Die herkömmliche Erziehung macht unabhängiges Denken besonders schwer. Gleichförmigkeit führt zur Mittelmäßigkeit. Sich von seiner Gruppe zu unterscheiden oder seiner Umgebung Widerstand zu leisten, ist nicht leicht, oft sogar gewagt, solange man den Erfolg anbetet. Der Drang nach Erfolg, der sich im Streben nach Belohnung ausdrückt — im Materiellen ebenso wie im sogenannt Geistigen —, das Suchen nach innerer wie äußerer Sicherheit, der Wunsch nach Behagen — all dies erstickt die Unzufriedenheit, macht jeglichem freien Antrieb ein Ende und erzeugt Furcht; und Furcht hemmt ein intelligentes Verständnis des Lebens. Im fortschreitenden Alter setzt dann die Trägheit von Sinn und Herz ein. Auf unserer Suche nach

Behagen finden wir im allgemeinen eine ruhige Nische im Leben, wo nur ein Minimum an Konflikt herrscht; dann aber fürchten wir uns, aus solcher Abgeschiedenheit hervorzukommen. Diese Furcht vor dem Leben, diese Furcht vor Kampf und neuer Erfahrung, tötet unseren Abenteurersinn; unsere ganze Erziehung hat uns Furcht davor eingeflößt, anders als unser Nachbar zu sein, anders als in der herkömmlichen Schablone der Gesellschaft zu denken und uns gelehrt, der Autorität und Tradition falsche Achtung zu bezeugen.

Glücklicherweise gibt es immer einige wenige, die ernsthaft sind und den Willen haben, unsere menschlichen Probleme ohne Vorurteile der Rechten oder der Linken zu untersuchen; doch bei den allermeisten Menschen herrscht kein wahrer Geist der Unzufriedenheit und des Aufruhrs. Wenn man sich verständnislos seiner Umgebung unterwirft, verglimmt der Funke des Aufruhrs, den man vielleicht gehabt hat, und Verantwortungen löschen ihn bald ganz aus.

Aufruhr besteht in zweierlei Form; es gibt gewaltsame Empörung — eine bloße Reaktion gegen bestehende Ordnung ohne jedes Verständnis; und dann die tiefe psychologische Auflehnung der Intelligenz. Viele Menschen empören sich gegen herkömmliche Strenggläubigkeit, nur um dann in andere Orthodoxie, neue Illusionen und versteckte Nachsicht gegen sich selber zu verfallen. Im allgemeinen löst man sich von einer Gruppe oder einer Reihe von Idealen los, schließt sich einer anderen Gruppe an und macht sich deren Ideale zu eigen, so daß man ein neues Denkgebilde schafft, gegen welches man sich dann wieder empören muß. Reaktion erzeugt Widerstand, und Reform bedarf weiterer Reform.

Es gibt jedoch ein intelligentes Sich-Auflehnen, das keine Reaktion ist und mit der Selbsterkenntnis infolge der Wahrnehmung des eigenen Denkens und Fühlens entsteht. Nur wenn man sich einer Erfahrung, während sie auftaucht, zuwendet und keiner Störung aus dem Wege geht, hält man seine Intelligenz in einem Zustande höchster Wachsamkeit; und diese wachsame Intelligenz ist Intuition — der einzig wahre Führer im Leben.

Worin besteht nun die Bedeutung unseres Lebens? Wofür leben und kämpfen wir? Wenn wir für nichts anderes erzogen werden, als Auszeichnungen zu bekommen, bessere Arbeit zu finden, tüchtiger zu werden oder mehr Herrschaft über andere zu erlangen, wird unser Leben seicht und leer sein. Wenn wir nur zu Wissenschaftlern und Gelehrten erzogen werden, die an ihre Bücher gefesselt, oder zu Spezialisten, die ihrem Wissen ergeben sind, werden wir zu Zerstörung und Elend in der Welt beitragen. Welchen Wert hat unsere Erziehung, wenn wir niemals die höhere und weitere Bedeutung des Lebens entdecken, die es sehr wohl gibt? Mögen wir auch noch so kultiviert sein, so wird unser Leben doch unvollständig, voller Widerspruch und zerrissen von Furcht werden, wenn sich unser Denken und Fühlen nicht zu einem Ganzen zusammenschließt; und solange die Erziehung keinen geschlossenen Ausblick auf das Leben fördert, hat sie sehr wenig Sinn.

In der heutigen Zivilisation ist das Leben in so viele Gebiete eingeteilt, daß Erziehung nicht viel mehr bedeutet als das Ausbilden einer besonderen Technik oder das Erlernen eines Berufes. Anstatt die vollständige Intelligenz des Menschen zu erwecken, ermutigt unsere Erziehung ihn, sich einer Schablone anzugleichen und verhindert dadurch das Verständnis für das Ich in seiner Gesamtheit. Wenn man versucht, die vielen Probleme unseres Daseins, die in verschiedene Klassen eingeteilt sind, auf den ihnen entsprechenden Ebenen zu lösen, deutet dies auf völligen Mangel an Verständnis. Jeder Mensch setzt sich aus verschiedenen Wesenheiten zusammen; doch betont man diese Unterschiede und fördert die Entwicklung eines bestimmten Typus, so führt dies zu zahlreichen Verwicklungen und Widersprüchen. Erziehung sollte den Zusammenschluß der verschiedenen Wesenheiten bewirken, denn ohne solchen Zusammenschluß wird unser Leben zu einer Folge von Konflikten und Leiden. Welchen Wert hat die Ausbildung zum Anwalt, wenn wir damit Rechtsstreitigkeiten verewigen? Welchen Wert hat Wissen, wenn wir in unserer Verwirrung beharren? Welchen Sinn hat technische und wirtschaftliche Befähigung, wenn wir sie zur Zerstörung anderer anwenden? Welchen Zweck hat unser Dasein, wenn es nur zu Gewalt und äußerstem Elend führt? Selbst wenn wir Geld haben oder die Fähigkeit, es zu verdienen, selbst wenn wir unseren Vergnügungen oder organisierten Religionen folgen, sind wir immer noch unablässig in Konflikt.

Wir müssen einen Unterschied zwischen dem Persönlichen und dem Individuellen machen. Das Persönliche ist das Zufällige; und hiermit meine ich die Umstände der Geburt oder die Umgebung, in der wir aufgezogen wurden, mit ihrem Nationalismus und Aberglauben, ihren Klassenunterschieden und Vorurteilen. Das Persönliche und Zufällige dauert nur augenblicklich — obgleich dieser Augenblick ein Leben lang währen kann; und da das heutige Erziehungssystem auf dem Persönlichen, Zufälligen, Augenblicklichen begründet ist, führt es zu einer Verdrehung des Denkens und zu unberechenbarer Selbstverteidigung der Furcht. Alle Menschen werden durch Erziehung und Umgebung darin geschult, nach persönlichem Vorteil, nach Sicherheit zu streben und für sich zu kämpfen. Wenn wir es auch mit angenehmen Redensarten beschönigen so sind wir doch für verschiedene Berufe innerhalb eines Systems erzogen, das auf Ausbeutung und erwerbsüchtiger Furcht beruht. Eine solche Erziehung muß unvermeidlich Verwirrung und Elend für uns selber und für die Welt herbeiführen, denn sie errichtet in jedem Einzelnen psychologische Schranken, die ihn von anderen trennen und fernhalten.

Erziehung ist nicht ausschließlich eine Angelegenheit der Schulung unseres Verstandes. Schulung hat Tüchtigkeit zur Folge, aber sie kann keine Ganzheit bewirken. Ein Sinn, der nur geschult worden ist, setzt die Vergangenheit fort, und ein solcher Sinn kann niemals das Neue entdecken. Daher werden wir, um herauszufinden, was richtige Erziehung ist, den Sinn des Lebens in seiner Gesamtheit erforschen müssen. Für die meisten Menschen steht die Bedeutung des Lebens in seiner Gesamtheit nicht an allererster Stelle; unsere Erziehung betont untergeordnete Werte und bildet uns nur in einigen Wissenszweigen aus. Wissen und Tüchtigkeit sind unerläßlich; wenn man jedoch den Hauptnachdruck darauf legt, führt dies nur zu Konflikt und Verwirrung.

Es gibt eine Tüchtigkeit, von Liebe eingegeben, die weit über die Tüchtigkeit des Ehrgeizes hinausgeht und viel größer als diese ist; aber ohne Liebe, welche vollkommenes Verständnis für das Leben mit sich bringt, wird Tüchtigkeit zur Unbarmherzigkeit. Sieht man nicht, wie sich dies überall in der Welt zuträgt? Heutzutage ist alle Erziehung auf Industrialisierung und Krieg eingestellt, ihr Hauptziel ist die Entwicklung von Tüchtigkeit; und wir sind in dieser Maschine grausamen Wettbewerbs und gegenseitiger Zerstörung gefangen. Wenn Erziehung zum Kriege führt, wenn sie uns lehrt zu zerstören oder zerstört zu werden — hat sie dann nicht vollkommen versagt?

Um richtige Erziehung herbeizuführen, muß man offenbar die Bedeutung des Lebens als Ganzes erfassen, und hierzu muß man direkt und wahr — nicht nur folgerichtig — denken können. Wer nur folgerichtig denkt, ist gedankenlos, denn er gleicht sich einem Schema an; er wiederholt Phrasen und denkt in einem bestimmten Gleise. Man kann das Dasein nicht abstrakt oder theoretisch erfassen. Das Leben zu verstehen, heißt, sich selbst zu verstehen, und damit beginnt und endet alle Erziehung.

Erziehung ist nicht bloß Erwerb von Wissen oder Sammeln und In-Beziehung-Setzen von Tatsachen; es bedeutet, den Sinn des Lebens in seiner Gesamtheit zu erkennen. Dem Ganzen kann man sich jedoch nicht durch einen Teil nähern — obwohl Regierungen, organisierte Religionen und maßgebende Gruppen gerade dies versuchen. Die Aufgabe der Erziehung ist es, menschliche Wesen zu formen, die zu einer Einheit in sich zusammengeschlossen und daher intelligent sind. Man kann promoviert haben und mechanisch sehr tüchtig sein, ohne Einsicht zu besitzen. Einsicht ist nicht rein informatorisches Wissen, sie stammt nicht aus Büchern, noch besteht sie aus schlauen Antworten der Selbstverteidigung oder streitlustigen Behauptungen. Jemand, der nicht studiert hat, kann intelligenter sein als ein Gelehrter. Wir haben Examen und Titel zu Kennzeichen der Intelligenz gemacht und damit schlaue Köpfe entwickelt, die den lebenswichtigen menschlichen Fragen aus dem Wege gehen. Einsicht ist die Fähigkeit, das Wesentliche zu erkennen, das, was i s t ; und diese Fähigkeit in sich selbst und anderen zu erwecken, ist Erziehung.

Die Erziehung sollte uns helfen, bleibende Werte herauszufinden, so daß wir uns nicht mehr an Formeln zu klammern und fertige Redensarten zu wiederholen brauchen; sie sollte uns helfen, nationale und gesellschaftliche Schranken niederzureißen, anstatt sie zu betonen, denn sie führen zu Streit zwischen den Menschen. Unglücklicherweise macht uns das heutige Erziehungssystem untergeordnet, mechanisch und höchst gedankenlos; obwohl es unsere Intelligenz erweckt, bleiben wir innerlich unharmonisch, verdummt und unschöpferisch. Ohne einheitliches Verständnis des Lebens werden die Probleme des Einzelnen und der Allgemeinheit nur stärker und größer werden. Es ist keineswegs der Zweck der Erziehung, mehr Studenten, Techniker und Stellungsuchende hervorzubringen, sondern Männer und Frauen, die einheitlich und frei von Furcht sind, denn nur zwischen solchen menschlichen Wesen kann bleibender Friede herrschen. Nur durch Verständnis des eigenen Ich kann die Furcht zu Ende gehen. Wenn der Mensch von einem Augenblick zum andern mit dem Leben ringen muß, wenn er sich seinen Schwierigkeiten, Nöten und plötzlichen Ansprüchen zuwenden soll, muß er unendlich biegsam sein, das heißt, frei von Theorien und bestimmten Schablonen des Denkens.

Die Erziehung sollte den Einzelnen nicht ermutigen, sich der Gesellschaft anzupassen oder ihr in negativer Weise zuzustimmen, sondern sollte ihm helfen, die wahren Werte zu entdecken, die bei vorurteilsloser Untersuchung und Selbstwahrnehmung zutage treten. Findet keine Selbsterkenntnis statt, dann wird der Ausdruck des Ich zur Selbstbehauptung mit allen Konflikten der Angriffslust und des Ehrgeizes. Erziehung sollte die Fähigkeit der Selbstwahrnehmung erwecken und nicht nur nachsichtig dem Selbstausdruck willfahren. Welchen Sinn hat Lernen, wenn wir einander im Lauf unseres Lebens zerstören? Da wir eine Reihe verheerender Kriege erlebt haben, den einen unmittelbar nach dem andern, ist zweifellos irgendetwas bei der Erziehung unserer Kinder grundfalsch. Ich glaube, die meisten Menschen sind sich dessen bewußt, wissen jedoch nicht, wie sie dagegen vorgehen sollen. Erzieherische oder politische Systeme lassen sich nicht auf geheimnisvolle Weise umgestalten; sie ändern sich, wenn ein grundlegender Wandel in uns stattfindet. Der Einzelne ist von höchster Wichtigkeit und nicht das System; solange aber der Einzelne den gesamten Vorgang in seinem Innern nicht versteht, kann kein System, weder der Linken noch der Rechten, Ordnung und Frieden in die Welt bringen.

II.

RICHTIGE ERZIEHUNG

EIN UNWISSENDER MENSCH IST KEIN UNGElehrter Mensch, sondern jemand, der sich selbst nicht kennt; und ein Gelehrter ist töricht, wenn er sich zu seinem Verständnis auf Bücher, Wissen oder Autorität verläßt. Verständnis entsteht nur durch Selbsterkenntnis, das heißt, durch das Gewahrwerden des gesamten psychologischen Vorganges in uns. Daher ist Erziehung im wahren Sinne die Entwicklung von Verständnis des eigenen Ich, denn unser Inneres ist der Brennpunkt für die Gesamtheit allen Daseins.

Was wir heute Erziehung nennen, ist nichts anderes als das Sammeln von Auskunft und Wissen aus Büchern, was jeder tun kann, der lesen gelernt hat. Solche Erziehung bietet uns in fein angelegter Weise eine Flucht vor uns selber, und schafft, wie alle Ausflüchte, unvermeidlich wachsendes Leid. Konflikt und Verwirrung sind das Ergebnis unserer falschen Beziehungen zu Menschen, Dingen und Ideen, und ehe wir diese Beziehungen nicht verstehen und ändern, kann uns das bloße Ansammeln von Tatsachen und das Erwerben verschiedener Fertigkeiten nur zu abgründigem Chaos und zur Zerstörung führen.

Wie die Gesellschaft heute angelegt ist, schicken wir unsere

Kinder in die Schule, damit sie eine Technik erlernen, mit deren Hilfe sie später ihren Lebensunterhalt verdienen sollen. Wir wollen unser Kind in erster Linie zu einem Spezialisten ausbilden lassen, in der Hoffnung, ihm dadurch eine feste wirtschaftliche Stellung zu sichern. Kann aber das Ausüben einer Technik den Menschen befähigen, sich selber zu verstehen? Zwar ist es ganz offenbar nötig, Lesen und Schreiben zu können, sowie Maschinenbau oder irgendeinen anderen Beruf zu erlernen; wird aber technisches Wissen uns die Fähigkeit verleihen, das Leben zu verstehen? Sicherlich kommt Technik an zweiter Stelle; wird indessen die Technik zum einzigen, wonach wir streben, so verleugnen wir augenscheinlich etwas, das bei weitem den größeren Teil unseres Lebens ausmacht. Leben ist Schmerz und Freude, Schönheit, Widerwärtigkeit und Liebe, und wenn wir es als eine Gesamtheit auf allen seinen Ebenen verstehen können, wird dies Verständnis seine eigene Technik schaffen. Doch das Gegenteil ist nicht zutreffend: Technik kann niemals schöpferisches Verständnis herbeiführen.

Die heutige Erziehung ist ein vollkommener Fehlschlag, weil sie die Technik überbetont. Dieses Überbetonen der Technik zerstört den Menschen. Das Ausbilden von Fähigkeit und Tüchtigkeit ohne Verständnis für das Leben, ohne eine umfassende Vorstellung der Wege unseres Denkens und Fühlens, wird uns nur in zunehmendem Maße grausam machen, und das bedeutet Kriege und die Gefährdung unserer physischen Sicherheit. Die ausschließliche Ausbildung in Technik hat Wissenschaftler, Mathematiker, Brückenbauer und Eroberer des Weltraums hervorgebracht; verstehen sie indessen den Gesamtvorgang unseres Lebens? Kann irgendein Spezialist das

Leben in seiner Gesamtheit erfahren? Erst dann, wenn er aufhört, ein Spezialist zu sein.

Technischer Fortschritt kann zwar für manche Menschen eine bestimmte Art Probleme auf einer Ebene lösen, aber er führt wiederum andere, weitere und tiefere Probleme ein. Lebt man nur auf e i n e r Ebene und läßt den Gesamtvorgang des Lebens außer acht, so fordert man damit Elend und Zerstörung heraus. Es ist das allernötigste und dringendste Problem für jeden Menschen, eine einheitliche Lebensauffassung zu erlangen, die ihn instand setzt, seinen stets wachsenden Verwicklungen zu begegnen. Wie notwendig technisches Wissen auch ist, so kann es doch auf keine Weise unsere inneren psychologischen Bedrückungen und Konflikte lösen; und gerade weil wir technisches Wissen ohne Verständnis für unseren gesamten Lebensvorgang erworben haben, ist Technik zum Mittel der Selbstzerstörung geworden. Der Mensch, der ein Atom spalten kann, aber keine Liebe im Herzen trägt, wird zum Ungeheuer.

Wir wählen unseren Beruf entsprechend unseren Fähigkeiten; kann aber das Betreiben unseres Berufes uns den Weg aus Konflikt und Verwirrung zeigen? Ein gewisses Maß technischer Schulung erscheint notwendig; sind wir aber Ingenieure, Ärzte oder Buchhalter geworden — was dann? Ist das Ausüben eines Berufes die Erfüllung unseres Lebens? Offensichtlich ja, bei den meisten Menschen. Unsere verschiedenen Berufe halten uns den größten Teil unseres Daseins in Atem; doch gerade das, was wir hervorbringen, und wovon wir so entzückt sind, schafft Zerstörung und Leid. Unsere Einstellung und unser Wertmesser macht aus Dingen und Betätigungen Werkzeuge voller Neid, Haß und Bitterkeit.

Wenn wir uns selber nicht verstehen, führt bloße Geschäftigkeit zu innerer Gehemmtheit mit ihren unweigerlichen

Ausflüchten in alle Arten verderblicher Tätigkeiten. Technik ohne Verständnis führt zu Feindschaft und Grausamkeit, was wir mit angenehm klingenden Phrasen zu überdecken suchen. Welchen Wert hat es, den Nachdruck auf Technik zu legen und ein tüchtiges Wesen zu entwickeln, wenn das Ergebnis gegenseitige Zerstörung ist? Unser technischer Fortschritt ist phantastisch, doch hat er nur die Macht gegenseitiger Vernichtung vergrößert, und Hungersnot wie Elend bleiben weiter in allen Ländern bestehen. Wir sind keine friedvollen und glücklichen Menschen.

Wenn Tätigkeit höchste Bedeutsamkeit erlangt, wird unser Leben düster und langweilig, es wird zu einer mechanischen und unfruchtbaren Routine, aus der wir in alle möglichen Arten der Zerstreuung entfliehen. Das Sammeln von Tatsachen und das Entwickeln von Fähigkeiten — was wir Erziehung nennen — hat uns der Fülle eines einheitlichen Lebens und Handelns beraubt. Nur weil wir den Gesamtverlauf des Lebens nicht begreifen, klammern wir uns an Beruf und Tüchtigkeit, die auf diese Weise überwältigende Bedeutung bekommen. Das ganze läßt sich jedoch nie durch einen Teil erfassen; es kann nur durch Handlung und Erfahrung verstanden werden.

Ein weiterer Umstand bei der Ausbildung von Technik ist der, daß sie uns nicht nur wirtschaftlich sondern auch psychologisch ein Gefühl der Sicherheit einflößt. Es ist sehr beruhigend zu wissen, daß man fähig und tüchtig ist. Das Wissen, daß man Klavier spielen oder ein Haus bauen kann, verleiht ein Gefühl der Lebenskraft, ein Gefühl streitlustiger Unabhängigkeit; betont man jedoch seinen Beruf aus diesem Wunsch nach Sicherheit heraus, so verleugnet man die Fülle des Lebens. Der gesamte Inhalt unseres Lebens läßt sich niemals voraussehen, das Leben muß von Augenblick zu Augenblick neu erfahren werden; wir haben aber Furcht vor dem Unbekannten und errichten daher psychologische Sicherheitsschranken in Form von Systemen, Technik und Glauben. Solange wir innerlich nach Sicherheit streben, können wir niemals den gesamten Verlauf unseres Lebens verstehen.

Rechte Erziehung sollte nicht nur das Ausbilden technischen Wissens ermutigen, sondern etwas weit Wichtigeres vollbringen: sie sollte dem Menschen dazu verhelfen, den vollständigen Vorgang des Lebens zu erfassen. Nur diese Erfahrung kann Fähigkeit und Technik ihren rechten Platz anweisen. Wenn man wirklich etwas zu sagen hat, wird man seinen eigenen Stil schaffen, lernt man indessen einen Stil und hat keine innere Erfahrung, so kann dies nur zu Oberflächlichkeit führen.

In der ganzen Welt sind Ingenieure krampfhaft dabei, Maschinen zu erfinden, die nicht von Menschen bedient zu werden brauchen. Was soll aber in diesem Leben, das fast ausschließlich von Maschinen betrieben wird, aus den menschlichen Wesen werden? Wir bekommen immer mehr Muße, ohne recht zu wissen, was wir damit anfangen sollen, und wir suchen Ausflucht beim Studium, bei schwächenden Vergnügen oder Idealen.

Ich glaube, es sind Bände über erzieherische Ideale geschrieben worden, doch sind wir heute in größerer Verwirrung denn je. Es gibt keine Methode, wie man ein Kind zur Einheitlichkeit und Freiheit erziehen kann. Solange wir uns mit Grundsätzen, Idealen und Methoden abgeben, helfen wir dem Menschen nicht, sich von selbstsüchtiger Betätigung mit all ihren Ängsten und Konflikten zu befreien. Ideale und Pläne für eine vollkommene Utopie werden niemals den

Wandel des Herzens hervorbringen können, der wesentlich ist, wenn Kriege und allgemeine Zerstörung ein Ende nehmen sollen. Ideale werden unsere gegenwärtigen Werte nicht ändern; Werte lassen sich nur durch die rechte Erziehung ändern, die das Verständnis für das, was i s t, nähren muß. Wenn wir mit anderen Menschen für ein Ideal oder für die Zukunft zusammenarbeiten, so formen wir die anderen nach unserer Vorstellung von dieser Zukunft; wir sind aber nicht im geringsten an den menschlichen Wesen interessiert, sondern nur an unserem Begriff davon, wie sie sein sollten. Das ‚Sollte' wird viel bedeutungsvoller als das, was i s t, nämlich: das Individuum in seiner Zusammengesetztheit. Fangen wir aber an, den anderen direkt zu begreifen, anstatt ihn durch den Schleier dessen, wie wir ihn gestalten wollen, zu sehen, dann beschäftigen wir uns mit dem, was i s t. Dann wollen wir ihn nicht mehr in etwas anderes umformen; unsere einzige Sorge wird es, ihm zu helfen sich selbst zu verstehen, ohne jeden persönlichen Antrieb oder Gewinn unsrerseits. Wenn wir dessen, was i s t, voll bewußt werden, können wir es verstehen und dadurch frei davon werden; um aber wahrzunehmen, was wir sind, müssen wir aufhören, nach etwas zu streben, was wir nicht sind.

Ideale haben keinen Platz in der Erziehung, denn sie sind dem Verständnis der Gegenwart hinderlich. Sicherlich können wir das, was i s t, nur dann wahrnehmen, wenn wir nicht in die Zukunft entfliehen. In die Zukunft zu blicken, nach einem Ideal zu streben, ist ein Zeichen von Trägheit des Geistes sowie von dem Verlangen, die Gegenwart zu vermeiden. Ist das Streben nach einer fertigen Utopie nicht ein Verleugnen der Freiheit und Ganzheit des Individuums? Wenn man einem Ideal oder einem Schema folgt, wenn man eine Formel für das, was sein sollte, besitzt, lebt man dann nicht ein sehr oberflächliches und mechanisches Dasein? Wir brauchen weder Idealisten noch Wesen mit mechanischem Verstande, sondern einheitlich zusammengeschlossene Menschen, die intelligent und frei sind. Nichts als eine Schablone für die vollkommene Gesellschaftsform zu besitzen, bedeutet Kampf und Blutvergießen um das, was sein sollte, und Nichtbeachten dessen, was i s t.

Wären die Menschen mechanische Wesen, automatische Maschinen, dann könnte man die Zukunft voraussagen und Pläne für eine vollkommene Utopie schmieden; dann könnte man sorgsam eine zukünftige Gesellschaftsform entwerfen und darauf hinarbeiten. Doch menschliche Wesen sind keine Maschinen, die nach einer bestimmten Schablone gegossen werden. Zwischen heute und der Zukunft erstreckt sich eine weite Spanne, und bei jedem von uns sind vielerlei Einflüsse am Werke; wenn wir aber die Gegenwart zugunsten der Zukunft aufopfern, streben wir nach falschen Mitteln zu einem vielleicht richtigen Zweck. Doch die Mittel bestimmen den Zweck, und dann, wie können wir überhaupt daran denken zu entscheiden, was ein Mensch sein sollte? Mit welchem Recht versuchen wir, ihn nach einem besonderen Schema zu formen, das wir aus einem Buch gelernt oder mit unserem Ehrgeiz, unserer Hoffnung und Furcht bestimmt haben?

Rechte Erziehung darf sich mit keinerlei Ideologie befassen, auch nicht, wenn diese nachdrücklich eine künftige Utopie verspricht; rechte Erziehung gründet sich auf kein System, wie behutsam es auch ausgedacht sein mag, noch darf sie zum Mittel werden, das Individuum auf besondere Weise abhängig zu machen. Erziehung im wahren Sinne hilft dem Menschen, reif und frei zu werden, sich in Liebe und Güte zu entfalten.

Hierfür sollten wir uns interessieren, nicht aber dafür, wie man das Kind einem idealen Schema gemäß formen kann. Jede Methode, welche Kinder ihrem Temperament oder ihren Fähigkeiten nach in Klassen einteilt, betont die Unterschiede; sie erzeugt Feindseligkeit, ermutigt Absonderung innerhalb der Gesellschaft und hilft in keiner Weise, einheitliche menschliche Wesen zu entwickeln. Es ist offenkundig, daß keine Methode und kein System rechte Erziehung herbeiführen kann, und strenges Befolgen einer bestimmten Methode deutet auf Trägheit von seiten des Erziehers. Solange eine Erziehung sich auf fertige Grundsätze stützt, kann sie zwar tüchtige Männer und Frauen, doch keine schöpferischen menschlichen Wesen hervorbringen.

Liebe allein kann Verständnis für einen anderen herbeiführen. Wo Liebe herrscht, besteht unmittelbare Verbindung mit dem anderen auf derselben Ebene und zu derselben Zeit. Nur weil wir selber so trocken, leer und lieblos geworden sind, überlassen wir Regierungen und Systemen die Erziehung unserer Kinder und die Leitung unseres eigenen Lebens; Regierungen brauchen aber tüchtige Techniker und nicht menschliche Wesen, denn menschliche Wesen können den Regierungen gefährlich werden — wie auch den organisierten Religionen. Aus diesem Grunde versuchen Regierungen und religiöse Organisationen, die Erziehung zu kontrollieren.

Das Leben läßt sich keinem System anpassen, noch in einen Rahmen zwängen, wie großartig dieser auch erdacht sein mag; und ein Verstand, der nur in tatsächlichem Wissen geschult ist, kann unmöglich das Leben in seiner Mannigfaltigkeit und Feinheit, in seinen Tiefen und Höhen erfahren. Wenn wir unsere Kinder nach einem Denksystem oder einer besonderen Lehre unterweisen, bilden wir sie nur darin aus, innerhalb abgeteilter Fächer zu denken, wir behindern sie in ihrer Entwicklung zu zusammengeschlossenen, einheitlichen Menschen, und so werden sie unfähig, intelligent zu denken oder dem Leben in seiner Gesamtheit gegenüberzutreten. Die höchste Aufgabe der Erziehung besteht darin, ein einheitliches Individuum hervorzubringen, das dem Leben als Ganzem gewachsen ist. Der Idealist ist ebenso wie der Spezialist nicht am Ganzen sondern nur an einem Teil interessiert. Einheitlicher Zusammenschluß kann nicht stattfinden, solange man nach einem idealen Schema für sein Handeln strebt; und die meisten Lehrer haben als Idealisten die Liebe verbannt, sie haben ein trockenes Hirn und ein hartes Herz. Will man ein Kind beobachten, so muß man aufmerksam, wachsam und seiner selbst bewußt sein; dies erfordert jedoch weit höhere Intelligenz und Zuneigung, als wenn man es nur ermutigt, einem Ideal zu folgen.

Eine weitere Aufgabe der Erziehung liegt im Schaffen neuer Werte. Lediglich die bestehenden Werte dem Verstande des Kindes einzuimpfen oder es Idealen anzugleichen, bedeutet, es zu bedingen, ohne seine Einsicht zu erwecken. Erziehung steht in sehr enger Beziehung zu der gegenwärtigen Weltkrise, und ein Erzieher, der die Ursachen des allgemeinen Chaos erkennt, sollte sich selbst fragen, wie er in seinem Schüler Einsicht erwecken und auf diese Weise der kommenden Generation helfen kann, weiterhin Kampf und Unheil zu vermeiden. Er muß all sein Denken, seine Sorge und Zuneigung auf das Schaffen der richtigen Umgebung und auf die Entwicklung von Verständnis richten, so daß das Kind, wenn es zur Reife heranwächst, fähig wird, die menschlichen Probleme, die sich ihm bieten, intelligent anzupacken. Zu diesem Zweck muß der Erzieher jedoch sich selbst verstehen und darf sich nicht auf Ideologien, Systeme und Glaubenssätze verlassen.

Laßt uns nicht in Begriffen von Lehre und Ideal denken, sondern uns mit den Dingen, wie sie sind, befassen; denn nur die Betrachtung dessen, was i s t, erweckt Einsicht, und die Einsicht des Erziehers ist viel wichtiger als sein Wissen um um eine neue Erziehungsmethode. Wenn man einer Methode folgt, — selbst wenn ein gedankenvoller und intelligenter Mensch sie ausgearbeitet hat, — erlangt stets die Methode höchste Bedeutung, und dann sind die Kinder nur insofern wichtig, als sie sich ihr einfügen. Man nimmt Messungen mit den Kindern vor, reiht sie in Klassen ein und erzieht sie nach einer Tabelle. Ein solches Erziehungssystem mag für den Lehrer sehr bequem sein, doch wird weder ein System, noch die Tyrannei von Meinung und Lernen ein einheitliches menschliches Wesen hervorbringen können.

Rechte Erziehung besteht im Verständnis für ein Kind so, wie es ist, ohne ihm das Ideal unserer eigenen Vorstellung, wie es sein sollte, aufzuzwingen. Das Kind in den Rahmen eines Ideals zu spannen, bedeutet, Anpassung in ihm zu ermutigen; diese aber erzeugt Furcht und läßt in ihm einen beständigen Konflikt zwischen dem, was es ist, und dem, was es sein sollte, entstehen; alle inneren Konflikte haben aber ihre äußeren Kundgebungen in der Gesellschaft. Ideale sind tatsächlich Hindernisse für unser Verständnis des Kindes und für des Kindes Verständnis seiner selbst.

Eltern, die ihr Kind wirklich verstehen wollen, betrachten es nicht durch die Brille eines Ideals. Liebt man sein Kind, so beobachtet man es, studiert seine Neigungen, seine Stimmungen und Eigenheiten. Nur wenn man keine Liebe für sein Kind fühlt, zwingt man ihm ein Ideal auf, denn dann versucht der Erwachsene, sich mit seinen ehrgeizigen Bestrebungen im Kinde zu erfüllen und verlangt, daß es dies oder jenes werde. Liebt man aber nicht das Ideal sondern sein Kind, dann besteht die Möglichkeit, daß man ihm hilft, sich selbst so zu verstehen, wie es ist.

Wenn ein Kind zum Beispiel lügt, welchen Wert hat dann der Versuch, ihm das Ideal der Wahrheit vor Augen zu führen? Man muß herausfinden, warum es lügt. Um dem Kinde zu helfen, muß man sich die Zeit nehmen, es zu beobachten und zu studieren, und das erfordert Geduld, Liebe und Sorgfalt; besitzt man indessen weder Liebe noch Verständnis, dann zwingt man das Kind in ein Handlungsschema, das wir ‚Ideal' nennen. Ideale sind bequeme Ausflüchte, und der Lehrer, der diesen folgt, ist unfähig seine Schüler zu begreifen und intelligent mit ihnen umzugehen; ihm ist das künftige Ideal, das ‚Sollte', viel bedeutsamer als das Kind unmittelbar vor ihm. Das Streben nach einem Ideal schließt Liebe aus, und ohne Liebe läßt sich kein menschliches Problem lösen.

Ist der Lehrer richtig geartet, so wird er sich nicht auf eine Methode verlassen, sondern jeden einzelnen Schüler beobachten. In unseren Beziehungen zu Kindern und jungen Menschen haben wir es nicht mit mechanischen Vorrichtungen, die schnell wieder ausgebessert werden können, zu tun, sondern mit menschlichen Wesen, die eindrucksfähig, unbeständig, angstvoll und zärtlich sind; und um mit ihnen umzugehen, müssen wir viel Verständnis und die Kraft der Geduld und Liebe besitzen. Wenn uns diese fehlen, suchen wir nach schnellen und leichten Hilfsmitteln und hoffen auf ein wunderbares, selbsttätiges Ergebnis. Sind wir uns dessen nicht bewußt, so wird unsere Einstellung und Handlung mechanisch, und wir vermeiden ängstlich jede störende Anforderung an uns, der wir nicht mit mechanischer Reaktion begegnen können; dies ist eine unserer größten Schwierigkeiten bei der Erziehung. Ein Kind ist das Ergebnis sowohl der Vergangenheit wie der Gegenwart und ist daher schon bedingt. Übertragen wir nun unseren Hintergrund auf das Kind, so verlängern wir seine wie auch unsere Bedingtheit. Nur wenn wir unsere eigene Bedingtheit verstehen und uns von ihr befreien, kann eine grundlegende Wandlung eintreten. Es ist vollkommen eitel, das Wesen richtiger Erziehung zu besprechen, solange wir selber bedingt sind.

Während die Kinder noch klein sind, müssen wir sie natürlich vor körperlichen Schaden bewahren und es verhüten, daß sie sich äußerlich unsicher fühlen. Doch unglücklicherweise machen wir da nicht halt; wir wollen den Lauf ihres Denkens und Fühlens leiten, wir wollen sie nach unseren eigenen Wünschen und Ansichten formen. Wir streben danach, uns in unseren Kindern zu erfüllen, uns in ihnen zu verewigen. Wir errichten Mauern um sie her, beschränken sie mit unseren Glaubenssätzen und Ideologien, mit unseren Ängsten und Hoffnungen — und dann jammern und beten wir, wenn sie im Kriege getötet oder verstümmelt werden, oder auf andere Weise unter ihren Lebenserfahrungen zu leiden haben.

Solche Erfahrungen führen nicht zur Freiheit; im Gegenteil, sie stärken den Willen des Ich. Das Ich setzt sich aus einer Reihe Reaktionen der Abwehr und Ausdehnung zusammen, und es erfüllt sich stets in seinen eigenen Erfindungen und befriedigenden Identifikationen. Solange wir Erfahrung in Begriffe des ‚Ich' und ‚Mein' übersetzen, solange das ‚Ich', das Ego, sich mit Hilfe seiner Reaktionen behauptet, kann unsere Erfahrung nie frei von Konflikt, Verwirrung und Schmerz sein. Freiheit kommt nur, wenn man die Wege des Ich, des

Erfahrenden, begreift. Erst wenn das Ich mit seinen angesammelten Reaktionen nicht mehr der Erfahrende ist, erhält Erfahrung eine vollkommen andere Bedeutung und wird zur Schöpfung.

Wenn wir unseren Kindern helfen wollen, sich von den Eigenschaften des Ich, die soviel Leid verursachen, zu befreien, sollte sich ein jeder von uns daranmachen, seine Einstellung und Beziehung zum Kind grundlegend zu ändern. Eltern wie Erzieher können durch ihr eigenes Denken und Betragen dem Kinde helfen, frei zu werden und sich in Liebe und Güte zu entfalten.

So wie die heutige Erziehung aussieht, fördert sie in keiner Weise das Verständnis für ererbte Neigungen und für die Einflüsse unserer Umgebung, die Sinn und Herz beschränken und Furcht nähren, und daher hilft sie uns nicht, diese Bedingtheit zu durchbrechen und einheitliche menschliche Wesen hervorzubringen. Jede Erziehungsform, die sich nur mit einem Teil anstatt mit dem gesamten Menschen befaßt, führt unweigerlich zu wachsendem Konflikt und Leid. Nur in der Freiheit für jeden Einzelnen können Liebe und Güte erblühen; und nur die rechte Erziehung kann solche Freiheit bieten. Weder die Angleichung an die gegenwärtige Gesellschaftsform noch das Versprechen einer künftigen Utopie können dem Menschen die Einsicht verleihen, ohne die er beständig neue Probleme schafft.

Der wahre Erzieher, der das innere Wesen der Freiheit kennt, hilft jedem einzelnen Schüler, seine eigenen selbsterfundenen Werte und Täuschungen zu verstehen; er hilft ihm, der bedingenden Einflüsse seiner Umgebung sowie seines eigenen Verlangens gewahr zu werden, welche nur seinen Sinn begrenzen und Furcht erzeugen; er hilft ihm, während er zur Reife heranwächst, sich selbst in Beziehung zu allen Dingen zu beobachten und zu begreifen, denn das Streben nach Erfüllung des Ich bringt endlosen Konflikt und Kummer mit sich.

Es ist ganz gewiß möglich, dem Menschen zur Wahrnehmung bleibender Lebenswerte zu verhelfen, ohne ihn zu bedingen. Man mag einwenden, daß eine solche volle Entwicklung des Individuums zum Chaos führen muß; ist das wahr? Es gibt schon genug Verwirrung in der Welt, und sie ist entstanden, weil man den Menschen nie dazu erzogen hat, sich selbst zu verstehen. Während ihm eine gewisse oberflächliche Freiheit gelassen wurde, hat man ihn gleichzeitig gelehrt, sich anzupassen und bestehende Werte anzuerkennen. Viele empören sich gegen solchen Zwang; unglücklicherweise ist ihre Empörung nichts als eine eigennützige Reaktion, die ihr Dasein nur noch mehr verdunkelt. Der rechte Erzieher, der sich der Neigung unseres Verstandes zur Reaktion bewußt ist, wird seinem Schüler helfen, die heutigen Werte umzuwandeln, und zwar nicht aus Reaktion gegen diese, sondern aus seinem Verständnis für den gesamten Lebensvorgang. Volle Zusammenarbeit zwischen Menschen ist nicht möglich ohne den einheitlichen Zusammenschluß im Wesen des Einzelnen, der mit Hilfe richtiger Erziehung erweckt werden kann.

Weshalb sind wir so fest davon überzeugt, daß weder wir selbst noch die kommende Generation durch rechte Erziehung eine grundlegende Umwandlung in menschlichen Beziehungen herbeiführen können? Wir haben es nie versucht; und da die meisten unter uns sich vor der rechten Erziehung zu fürchten scheinen, sind wir abgeneigt, einen Versuch damit anzustellen. Ohne auf dieses umfassende Problem näher einzugehen, behaupten wir, daß die menschliche Natur nicht zu ändern sei, wir nehmen die Dinge so hin, wie sie sind, und treiben unser Kind dazu, sich der gegenwärtigen Gesellschaftsform anzupassen; wir bedingen es in bezug auf unsere heutige Lebensweise und hoffen das Beste. Kann man aber eine solche Anpassung an unsere gegenwärtigen Wertbegriffe, die zu Krieg und Hungersnot führen, als Erziehung betrachten?

Wir dürfen uns keiner Täuschung darüber hingeben, daß eine solche Bedingtheit weder Einsicht noch Freude herbeiführen kann. Wenn wir angsterfüllt, lieblos und hoffnungslos apathisch bleiben, bedeutet dies, daß wir es uns im Grunde nicht angelegen sein lassen, das Entfalten von Liebe und Güte im Einzelnen zu fördern, sondern es vorziehen, die Nöte, mit denen wir uns beladen haben und an denen jeder teilhat, weiter zu tragen. Es ist offenbar töricht, den Schüler so zu bedingen, daß er seine gegenwärtige Umgebung hinnimmt. Wofern wir nicht freiwillig eine grundlegende Umwälzung in der Erziehung herbeiführen, werden wir direkt verantwortlich für die Fortsetzung von Chaos und Elend; und wenn am Ende eine ungeheure, grausame Revolution einsetzt, wird sie nur einer anderen Gruppe von Menschen Gelegenheit zur Ausbeutung und Grausamkeit bieten. Jede Gruppe, die an der Macht ist, entwickelt ihre eigenen Mittel der Unterdrückung, sei es mit psychologischer Überredung oder mit brutaler Gewalt.

Aus politischen und wirtschaftlichen Gründen ist Disziplin zu einem bedeutenden Faktor im heutigen Gesellschaftsgefüge geworden, und wegen unseres Verlangens nach psychologischer Sicherheit lassen wir verschiedene Formen von Disziplin gelten und üben sie aus. Disziplin verbürgt ein Ergebnis, und das Ziel ist uns wichtiger als die Mittel; doch die Mittel bestimmen das Ziel. Eine der Gefahren der Disziplin liegt in der Tatsache, daß das System bedeutsamer wird als die menschlichen Wesen, die es umschließt. Disziplin wird zum Ersatz für Liebe, und nur weil unser Herz leer ist, halten wir an der Disziplin fest. Freiheit kann niemals durch Disziplin oder Widerstand entstehen; Freiheit ist kein Ende, kein Ziel, das man erreicht. Freiheit liegt am Anfang und nicht am Ende, man findet sie niemals in einem fernen Ideal. Freiheit bedeutet weder eine Gelegenheit zur Selbstbefriedigung noch ein Beiseitesetzen der Rücksicht für andere. Ein wahrer Lehrer wird die Kinder in Schutz nehmen und ihnen auf jede mögliche Weise helfen, sich zur rechten Art Freiheit zu entfalten; dies wird jedoch nicht möglich sein, wenn er selber einer Ideologie anhängt oder auf irgendeine Weise dogmatisch und eigensüchtig ist.

Empfindsamkeit läßt sich niemals durch Zwang erwecken. Man mag ein Kind äußerlich zur Ruhe zwingen, doch ist man dann noch nicht mit dem in Berührung gekommen, was das Kind eigensinnig oder ungebührlich macht. Zwang erzeugt Widerstand und Furcht. Jede Form von Belohnung und Strafe macht den Sinn untertänig und stumpf; und wenn man hiernach strebt, ist Erziehung durch Zwang ein ausgezeichneter Weg. Doch solche Erziehung kann weder zum Verständnis des Kindes führen, noch kann sie die rechte gesellschaftliche Umgebung schaffen, in welcher Trennung und Haß zu bestehen aufhören. In der Liebe zum Kinde liegt die richtige Erziehung beschlossen. Doch die meisten Menschen lieben ihre Kinder nicht; sie sind ehrgeizig für ihre Kinder — das heißt, ehrgeizig für sich selbst. Unglücklicherweise sind wir mit den Betätigungen unseres Verstandes vollauf beschäftigt, daß wir für die Antriebe des Herzens nur wenig Zeit haben. Im Grunde schließt Disziplin Widerstand ein; kann aber Widerstand je zu Liebe führen? Disziplin kann nur Mauern um uns her errichten; sie schließt ab und schafft beständig Konflikt. Disziplin ist dem Verständnis nicht förderlich, denn Verständnis kommt von einem Beobachten und Forschen, bei dem alle Vorurteile beiseitegesetzt werden.

Disziplin ist eine bequeme Art, das Kind im Zaum zu halten, doch hilft sie dem Kinde nicht, die Probleme, die das Leben mit sich bringt, zu begreifen. Ein gewisser Zwang durch Disziplin mit Belohnung und Strafe mag notwendig sein, um in einem Klassenraum mit einer größeren Anzahl Schüler Ordnung und scheinbare Ruhe aufrechtzuerhalten; ist aber bei einem wahren Lehrer und einer kleinen Anzahl Schüler irgendeine Form von Unterdrückung, höflicherweise Disziplin genannt, nötig? Wenn die Klasse klein ist und der Lehrer seine volle Aufmerksamkeit jedem einzelnen Kinde zuwenden, es beobachten und ihm helfen kann, dann werden offenbar Zwang und Herrschaft in jeder Form überflüssig. Sollte in einer solchen Gruppe ein Schüler bei Unordentlichkeit und unvernünftigem Mutwillen beharren, so muß der Lehrer die Ursachen seines schlechten Betragens untersuchen, die in falscher Diät, Mangel an Schlaf, Familienuneinigkeit oder verborgener Furcht liegen mögen.

Rechte Erziehung schließt die Förderung von Freiheit und Intelligenz ein, was jedoch unmöglich wird, wenn irgendeine Form von Zwang mit allen dazugehörigen Ängsten angewandt wird. Im Grunde ist es Sache des Erziehers, dem Schüler zum Verständnis der Verwicklungen seines gesamten Daseins zu verhelfen. Vom Schüler zu verlangen, daß er einen Teil seines Wesens zugunsten eines anderen unterdrücke, heißt, endlosen Konflikt in ihm heraufzubeschwören, der auf gesellschaftlichen Widerstand hinausläuft. Nur Einsicht schafft Ordnung, nicht aber Disziplin.

Anpassung und Gehorsam haben keinen Platz in der wahren Erziehung. Eine Zusammenarbeit zwischen Lehrer und Schüler wird unmöglich, wenn gegenseitige Zuneigung und Achtung fehlen. Werden Kinder zu Respekt vor älteren Leuten angehalten, so wird dies im allgemeinen zu einer Gewohnheit, zu rein äußerlicher Schaustellung, und ihre Furcht kleidet sich in das Gewand der Ehrfurcht. Ohne Achtung und Rücksicht ist keine wesentliche Beziehung denkbar, besonders wenn der Lehrer nicht mehr als ein Werkzeug seines Wissens ist. Verlangt der Lehrer Achtung von seinen Schülern, hat aber seinerseits nur sehr wenig Achtung für sie, so wird dies Gleichgültigkeit und Respektlosigkeit bei den Schülern erzeugen. Ohne Achtung vor menschlichem Leben führt Wissen nur zu Zerstörung und Leid. Das Ausbilden von Respekt anderen gegenüber ist ein wesentlicher Bestandteil rechter Erziehung; doch wenn dem Erzieher selber diese Eigenschaft fehlt, kann er auch seinen Schülern nicht zu einem einheitlichen Leben verhelfen.

Einsicht bedeutet Erkennen des Wesentlichen; um aber das Wesentliche unterscheiden zu können, muß man frei von den Hindernissen sein, welche der Verstand auf seiner Suche nach Sicherheit und Behagen erfindet. Furcht bleibt unvermeidlich, solange unser Sinn nach Sicherheit strebt; und wenn man den Menschen irgendeinem Zwange unterwirft, zerstört man sein Wahrnehmungsvermögen und seine Einsicht.

Es ist der Zweck der Erziehung, richtige Beziehungen auszubilden, und zwar nicht nur zwischen Individuen, sondern auch zwischen dem Einzelnen und der Gesellschaft; daher ist es so wesentlich, daß die Erziehung es dem Einzelnen ermöglicht, seinen eigenen psychologischen Vorgang zu erfassen. Einsicht zeigt sich im Verständnis des eigenen Ich und dem Darüber-Hinausgehen; solange jedoch Furcht herrscht, kann keine Einsicht zutage treten. Furcht verdirbt die Einsicht und ist eine der Ursachen für selbstsüchtiges Handeln. Disziplin mag die Furcht unterdrücken, kann sie indessen nicht ausrotten, und alles oberflächliche Wissen, das wir in der modernen Erziehung erwerben, verdeckt sie nur noch mehr. Wenn wir jung sind, wird uns sowohl zu Hause wie in der Schule oft Furcht eingeflößt. Weder Eltern noch Lehrer haben Geduld, Zeit oder Weisheit genug, die instinktiven Ängste der Kindheit zu zerstreuen, welche beim Heranwachsen unsere Einstellung und Urteilskraft beherrschen und eine Menge Probleme schaffen. Rechte Erziehung muß das Problem der Furcht in Betracht ziehen, denn Furcht gibt unserem gesamten Ausblick auf das Leben eine falsche Richtung. Furchtlos zu sein, ist der Beginn der Weisheit; doch nur die rechte Erziehung kann Freiheit von Furcht herbeiführen, die allein hohe und schöpferische Intelligenz verbürgt.

Belohnung oder Strafe für eine Handlung stärkt nur unsere Selbstsucht. Handlung um eines anderen willen — im Namen des Vaterlandes oder im Namen Gottes — führt zu Furcht, und Furcht kann niemals die Grundlage für richtiges Handeln bilden. Wenn wir einem Kinde helfen wollen, rücksichtsvoll gegen andere zu sein, dürfen wir es nicht mit Liebe bestechen, sondern müssen Zeit und Geduld haben, ihm ‚Rücksicht' zu erklären. Man hat keinen Respekt vor anderen, wenn man dafür belohnt wird, denn die Bestechung oder Belohnung wird weit bedeutsamer als das Gefühl der Achtung. Haben wir vor dem Kinde keine Achtung, sondern bieten ihm nur Belohnung oder bedrohen es mit Strafe, so fördern wir Erwerbsucht und Furcht. Weil wir selber dazu erzogen sind, bei jeder Handlung das Ergebnis zu betonen, leugnen wir die Möglichkeit eines Handelns ohne Verlangen nach Erwerb. Richtige Erziehung muß zu Aufmerksamkeit und Rücksicht für andere antreiben, ohne Belohnung oder Bedrohung irgendwelcher Art. Wenn wir nicht mehr nach unmittelbaren Resultaten streben, werden wir anfangen zu erkennen, wie wichtig es ist, daß sowohl der Erzieher wie das Kind frei von Furcht und Strafe, frei von der Hoffnung auf Belohnung und frei von jeder Art von Zwang werden; solange jedoch Autorität einen Bestandteil der Beziehung bildet, muß Zwang weiterbestehen.

Einer Autorität zu folgen, hat viele Vorteile, wenn man in Begriffen des persönlichen Interesses und Erwerbs denkt; gründet sich aber Erziehung auf die Förderung und den Nutzen des Einzelnen, so kann sie nur ein gesellschaftliches Gefüge schaffen, in welchem Wettbewerb, Streit und Grausamkeit herrschen. In dieser Art Gesellschaft werden wir aufgezogen, und unsere Verwirrung und feindselige Einstellung untereinander ist offenkundig. Man hat uns gelehrt, sich nach der Autorität eines Lehrers, eines Buches oder einer Partei zu richten, weil dies nützlich sei. Auf jedem Lebensgebiet machen Spezialisten ihr Ansehen geltend und wollen uns beherrschen — vom Priester bis zum Bürokraten; aber keine Regierung oder Schule, die Zwang anwendet, kann je eine Zusammenarbeit in menschlichen Beziehungen erreichen, die für das Wohl der Allgemeinheit so wesentlich ist.

Will man die rechte Beziehung zwischen Menschen herstellen, so darf man keinen Zwang, nicht einmal Überredung anwenden. Wie kann Zuneigung und wahre Zusammenarbeit zwischen denen, die an der Macht, und denen, die ihr unterworfen sind, bestehen? Wenn man das Problem ‚Autorität' mit all seinen Verwicklungen einmal gelassen betrachtet und erkennt, daß eben dieses Verlangen nach Macht in sich selbst zerstörend wirkt, entsteht ein natürliches Verständnis für den gesamten Vorgang der Autorität. Im Augenblick, da wir

Autorität abwerfen, sind wir in enger Gemeinschaft mit dem andern, und nur dann entsteht wahre Zusammenarbeit und Zuneigung.

Das eigentliche Problem bei der Erziehung ist der Erzieher. Selbst eine kleine Gruppe von Schülern wird zum Werkzeug seiner persönlichen Anmaßung, wenn er Autorität als Mittel der Selbstbefreiung gebraucht, oder wenn das Lehren für ihn die Erfüllung seiner Selbsterweiterung bedeutet. Doch rein intellektuelle oder oberflächliche Zustimmung bezüglich der lähmenden Wirkungen der Autorität ist töricht und eitel. Man muß tiefe Einsicht in die verborgenen Beweggründe von Autorität und Herrschsucht bekommen. Wenn wir erkennen, daß sich Einsicht niemals durch Zwang erwecken läßt, wird eben diese Erkenntnis unsere Furcht vernichten, und dann werden wir anfangen, eine neue Umgebung aufzubauen, die der bestehenden gesellschaftlichen Ordnung entgegengesetzt ist und sie weit überflügelt.

Um die Bedeutung unseres Lebens mit seinen Konflikten und Schmerzen zu verstehen, müssen wir unabhängig von jeder Autorität denken, selbst unabhängig von der Autorität organisierter Religion; geben wir aber in unserem Wunsche, dem Kind zu helfen, autoritäre Beispiele, dann treiben wir es nur zu Furcht, Nachahmung und verschiedenen Formen des Aberglaubens. Wer religiös veranlagt ist, versucht, dem Kinde die Glaubenssätze, Hoffnungen und Ängste aufzuerlegen, die er seinerseits von seinen Eltern erworben hat; und wer nicht religiös ist, will sein Kind ebenso stark beeinflussen, der besonderen Denkungsart zu folgen, der er zufällig angehört. Wir alle wünschen, daß unsere Kinder sich unsere Form der Verehrung oder unsere erwählte Ideologie zu Herzen nehmen. Es ist so leicht, sich in Vorstellungen oder Formulierungen, die wir selbst oder andere erfunden haben, zu verstricken, und daher ist unablässige Aufmerksamkeit und Wachsamkeit angebracht.

Was wir Religion nennen, ist nichts anderes als organisierter Glaube mit seinen Dogmen, feierlichen Bräuchen, Mysterien und Aberglauben. Jede Religion hat ihr Heiliges Buch, ihre Mittler und Geistlichen sowie ihre besondere Art, die Menschen zu bedrohen und festzuhalten. Die meisten Menschen werden auf solche Weise bedingt, und dies wird religiöse Erziehung genannt; doch solche Bedingtheit stellt Mensch gegen Mensch und schafft Feindschaft, nicht nur unter den Gläubigen selber, sondern auch gegen diejenigen anderen Glaubens. Obgleich alle Religionen behaupten, daß sie Gott verehren, und predigen, daß wir einander lieben sollen, flößen sie mit ihren Lehren über Belohnung und Strafe Furcht ein und lassen infolge ihrer miteinander wetteifernden Dogmen Verdacht und Feindschaft fortbestehen.

Dogmen, Mysterien und kirchliche Bräuche sind dem geistigen Leben nicht förderlich. Ein Kind im wahren Sinne religiös zu erziehen, bedeutet, es darin zu unterstützen, daß es seine eigenen Beziehungen zu Menschen, Dingen und der Natur erkennt. Es gibt kein Dasein ohne Beziehung; und ohne Selbsterkenntnis birgt jede Beziehung — zu e i n e m Menschen oder zu vielen — nur Konflikt und Leid. Natürlich ist es nicht möglich, einem Kinde dies genau zu erklären; wenn aber Erzieher wie Eltern die volle Bedeutung von Beziehung ganz erfaßt haben, können sie sicherlich in ihrer Einstellung, ihrem Betragen und ihrer Ausdrucksweise dem Kinde ohne allzuviel Worte und Erklärungen den Sinn eines geistigen Lebens übermitteln.

Unsere sogenannt religiöse Schulung ermutigt weder Fragen noch Zweifel; und doch können wir nicht herausfinden, was wahr ist, ehe wir nicht die Bedeutung der Werte untersuchen, welche Gesellschaft und Religion um uns her aufgestellt haben. Es ist die Aufgabe des Erziehers, sein eigenes Denken und Fühlen tief zu erforschen und alle Werte, welche ihm Sicherheit und Trost gegeben haben, beiseite zu setzen, denn nur dann kann er seinen Schülern helfen, ihrer selbst bewußt zu werden und ihre eigenen Triebe und Ängste zu verstehen. In der Jugend ist die Zeit, gerade und offen aufzuwachsen; und wir Älteren können mit unserem Verständnis den Jüngeren helfen, sich von den Hindernissen, die die Gesellschaft ihnen auferlegt, wie auch von denen, die sie selber erfinden, zu befreien. Wenn Sinn und Herz des Kindes nicht durch vorgefaßte Meinungen und Vorurteile beeinflußt werden, kann es mit Hilfe seiner Selbsterkenntnis und in Freiheit entdecken, was über und jenseits seines Ich liegt.

Wahre Religion besteht nicht in einer Reihe Glaubenssätze und heiliger Bräuche, nicht in Hoffnungen und Ängsten; und können wir das Kind ohne diese hinderlichen Einflüsse großwerden lassen, dann wird es vielleicht, wenn es zur Reife kommt, beginnen, das Wesen Gottes oder der Wirklichkeit zu erforschen. Daher sind bei der Erziehung eines Kindes tiefe Einsicht und Verständnis unerläßlich.

Die meisten Menschen, die religiös eingestellt sind und über Gott und Unsterblichkeit sprechen, glauben im Grunde nicht an die Freiheit und Einheitlichkeit des Individuums; und doch bedeutet Religion das Ausbilden von Freiheit auf der Suche nach Wahrheit. Mit der Freiheit gibt es keinen Kompromiß. Teilweise Freiheit des Menschen ist überhaupt keine Freiheit. Bedingtheit irgendwelcher Art, sei es politisch oder religiös, ist keine Freiheit und kann niemals Frieden bringen.

Religion ist keine Form von Bedingtheit. Religion ist ein

Zustand der Ruhe, in dem Wirklichkeit oder Gott ist; aber dieser schöpferische Zustand kann nur zutage treten, wenn Selbsterkenntnis und Freiheit herrschen. Freiheit bringt Tugend mit sich, und ohne Tugend gibt es keine Stille. Ein ruhiger Sinn ist nicht bedingt, er ist weder diszipliniert noch darin geschult, still zu sein. Ruhe tritt erst ein, wenn unser Sinn seine eigene Beschaffenheit, welche die des Ich ist, voll erkennt.

Organisierte Religion ist erstarrtes menschliches Denken, aus dem heraus man Kirchen und Tempel baut; sie ist zum Trost für die Furchtsamen und zum Schlafmittel für die Leidvollen geworden. Doch Gott oder Wahrheit ist weit entfernt von Denken und gefühlvollem Begehren. Eltern und Erzieher, die die psychologischen Vorgänge kennen, welche Furcht und Leid erzeugen, sollten den Jüngeren bei der Beobachtung und dem Verständnis ihrer Konflikte und Anfechtungen beistehen. Wenn wir Älteren den Kindern beim Heranwachsen helfen können, klar und unbefangen zu denken, keine Feindschaften zu nähren und zu lieben — was kann man mehr tun? Stehen wir selbst jedoch beständig in Streit miteinander, sind wir selbst unfähig, durch grundlegenden Wandel in uns Ordnung und Frieden in der Welt herbeizuführen — welchen Wert haben dann alle heiligen Bücher und die Mythen der verschiedensten Religionen? Wahre religiöse Erziehung besteht in der Hilfe, die man dem Kinde leistet, damit es sich intelligent seiner selbst bewußt wird, damit es selber das Zeitgebundene vom Wirklichen zu unterscheiden lernt und einen selbstlosen Zugang zum Leben bekommt; und hätte es nicht mehr Sinn, jeden Tag zu Hause oder in der Schule mit einem ernsthaften Gedanken oder dem Lesen von etwas, das Tiefe und Bedeutung hat, zu beginnen, anstatt ein paar oft wiederholte Worte und Phrasen zu murmeln?

Die vorigen Generationen haben mit ihrem Ehrgeiz, ihren Traditionen und Idealen Elend und Zerstörung über die Welt gebracht; vielleicht kann die kommende Generation mit Hilfe der rechten Erziehung diesem Chaos ein Ende bereiten und eine glücklichere gesellschaftliche Ordnung aufbauen. Wenn die Jungen Forschungsgeist haben, wenn sie beständig nach der Wahrheit in allen Dingen suchen — politischen wie religiösen, persönlichen wie denen ihrer Umgebung —, dann kann die Jugend große Bedeutung erlangen, und es besteht Hoffnung auf eine bessere Welt.

Die meisten Kinder sind neugierig, sie wollen alles wissen; aber ihr begieriges Forschen wird durch unsere pomphaften Behauptungen, unsere überlegene Ungeduld und unser unbestimmtes Beiseiteschieben ihrer Neugier bald abgestumpft. Wir ermutigen sie nicht in ihrem Forschen, denn wir sind recht ängstlich in Bezug auf das, was sie uns fragen könnten; wir nähren ihre Unzufriedenheit nicht, denn wir haben selber aufgehört, Fragen zu stellen. Die meisten Eltern und Lehrer fürchten sich vor der Unzufriedenheit, denn sie wirkt störend auf jede Art von Sicherung, und so treiben sie die Jugend dazu, ihre Unzufriedenheit mit Hilfe sicherer Berufe, einer Erbschaft oder Heirat oder dem Trost religiöser Dogmen zu besiegen. Ältere Leute mit ihrem Wissen um die mancherlei Arten der Abstumpfung von Sinn und Herz machen das Kind ebenso stumpf wie sich selber, indem sie ihm die Autoritäten, Traditionen und Glaubenssätze, die sie einmal angenommen haben, tief einprägen.

Eltern und Erzieher können nur hoffen, des Kindes kritische Aufmerksamkeit und scharfe Einsicht zu erwecken und zu erhalten, wenn sie es ermutigen, alles Gedruckte in Frage zu stellen, sowie die Gültigkeit der bestehenden gesellschaftlichen

Werte, Traditionen, Regierungsformen, religiösen Glaubenssätze und so weiter zu untersuchen.

Sind die Jungen überhaupt empfänglich, so sind sie auch voller Hoffnung und Unzufriedenheit; sie müssen so sein, denn sonst sind sie schon alt und leblos. Die Alten sind die, die einstmals unzufrieden waren, aber ihre Flamme erfolgreich gelöscht und Sicherheit und Trost auf verschiedene Weise gefunden haben. Sie streben nun für sich selber und ihre Familien nach Fortdauer, sie wünschen sich glühend Sicherheit in ihren Ideen, Beziehungen und Besitztümern; wenn sie also Unzufriedenheit spüren, gehen sie sogleich ganz in ihren Pflichten, ihrer Arbeit oder in irgendetwas auf, um nur diesem störenden Gefühl der Unzufriedenheit zu entfliehen.

Während wir jung sind, ist es an der Zeit, unzufrieden zu sein nicht nur mit uns selber, sondern auch mit unserer Umgebung. Wir sollten lernen, klar und vorurteilslos zu denken, so daß wir weder innerlich abhängig noch furchtsam werden. Unabhängigkeit bezieht sich nicht auf den farbigen Teil der Landkarte, den wir unser Vaterland nennen, sondern auf uns als Individuen; und obgleich wir äußerlich aufeinander angewiesen sind, braucht diese gegenseitige Abhängigkeit weder grausam noch bedrückend zu sein, wenn wir innerlich von allem Streben nach Macht, Rang und Autorität frei sind. Wir müssen Unzufriedenheit, vor der sich die meisten Menschen fürchten, zu verstehen lernen. Unzufriedenheit mag scheinbare Unordnung mit sich bringen; doch wenn sie, wie sie es sollte, zur Selbsterkenntnis und Selbstverleugnung führt, kann sie eine neue Gesellschaftsordnung und bleibenden Frieden schaffen. Mit der Selbstverleugnung kommt unermeßliche Freude.

Unzufriedenheit ist der Weg zur Freiheit; um aber vorurteilslos forschen zu können, darf man sich nicht gefühlsmäßig zersplittern, was sehr oft geschieht bei politischen Zusammenkünften mit ihrem Wahlgeschrei, bei der Suche nach einem G u r u oder geistigen Lehrer, oder in religiösen Orgien verschiedener Art. Solche Zersplitterung stumpft Sinn und Herz ab, macht den Menschen unfähig, Einsicht zu erlangen, und läßt ihn daher leicht den Umständen unterliegen. Nur das brennende Verlangen nach Forschung, nicht aber bequeme Nachahmung der Masse kann uns neues Verständnis für die Wege des Lebens eröffnen.

Junge Menschen lassen sich so leicht von einem Geistlichen oder einem Politiker, von reich oder arm dazu überreden, in bestimmter Richtung zu denken; doch die rechte Erziehung sollte ihnen helfen, auf Einflüsse dieser Art zu achten, sodaß sie nicht Wahlsprüche wiederholen wie Papageien oder in eine schlau gestellte Falle ihrer eigenen Habgier oder der eines anderen geraten. Sie dürfen nicht zulassen, daß Autorität ihnen Sinn und Herz ersticke. Einem andern, sei er auch noch so groß, oder einer bestechenden Ideologie Folgschaft zu leisten, kann niemals Frieden in der Welt herbeiführen.

Beim Verlassen der Schule oder Universität legen viele Menschen ihre Bücher beiseite und scheinen zu glauben, sie hätten genug gelernt; andere wiederum fühlen sich angeregt, in ihrem Felde weiter zu denken, sie bleiben dabei, alles zu lesen und aufzunehmen, was andere gesagt haben, und geben sich ganz ihrem Wissen hin. Solange man aber Wissen oder Technik als Mittel zu Erfolg und Macht verehrt, müssen grausamer Wettbewerb, Feindschaft und endloser Streit ums tägliche Brot entstehen. Solange wir uns Erfolg als Ziel setzen, können wir nicht frei von Furcht werden, denn der Wunsch nach Erfolg erzeugt unfehlbar Furcht vor dem Versagen. Daher sollte man die Jugend nicht dazu anhalten, den Erfolg zu verehren. Die meisten Menschen streben auf die eine oder andere Weise nach Erfolg — auf dem Tennisplatz, in der Geschäftswelt oder in der Politik. Wir alle wollen gern an der Spitze stehen; dieses Verlangen schafft aber beständig Konflikt, sowohl in uns selber wie mit unseren Nachbarn; es führt zu Wettbewerb, Neid, Feindseligkeit und am Ende zum Krieg.

Wie die ältere Generation so strebt auch die junge nach Erfolg und Sicherheit; mag sie auch anfänglich unzufrieden sein, so wird sie doch bald ehrbar und fürchtet sich, zur Gesellschaft ‚nein' zu sagen. Die Mauern ihrer eigenen Wünsche schließen sich um sie her, sie reiht sich ein und ergreift die Zügel der Autorität. Ihre Unzufriedenheit, die gerade die Flamme des Forschens, des Suchens und Verstehens ist, verdunkelt sich und verlöscht, und an ihre Stelle tritt der Wunsch nach besserer Stellung, vermögender Heirat oder erfolgreicher Laufbahn — alles aus dem Verlangen nach größerer Sicherheit.

Es gibt keinen wesentlichen Unterschied zwischen den Alten und den Jungen, denn beide sind Sklaven ihrer eigenen Wünsche und Genüsse. Reife ist nicht Sache des Alters, sie entsteht mit dem Verständnis. Brennender Forschergeist ist vielleicht der Jugend natürlicher, denn das Leben hat die Älteren herumgestoßen, Konflikte haben sie erschöpft, und der Tod erwartet sie in mannigfaltiger Form. Das bedeutet aber nicht, daß sie unfähig sind, zweckerfüllt zu forschen, doch nur, daß es schwieriger für sie ist. Viele Erwachsene sind unreif und recht kindisch, und dies trägt nur noch weiter zu Verwirrung und Elend in der Welt bei. Die ältere Generation ist für die heutige wirtschaftliche und moralische Krise verantwortlich; aber eine unserer unglücklichen Schwächen ist unsere Neigung, jemand anders für uns handeln und unsern Lebenslauf ändern zu lassen. Wir warten, bis andere sich empören und neu aufbauen, und wir selber bleiben untätig, solange wir nicht des Ergebnisses sicher sind. Die meisten Menschen sind nur auf Sicherheit und Erfolg aus; aber ein Sinn, der nach Sicherheit strebt und Erfolg begehrt, ist nicht intelligent und daher unfähig, einheitlich zu handeln. Einheitliches Handeln ist nur möglich, wenn man sich seiner eigenen Bedingtheit, seiner nationalen, politischen, religiösen und Rassenvorurteile bewußt wird; mit anderen Worten, nur dann, wenn man erkennt, daß alle Wege des Ich zur Trennung führen.

Das Leben ist ein tiefer Brunnen. Man kann mit kleinen Eimern zu ihm kommen und nur wenig Wasser schöpfen, oder aber mit großen Gefäßen reichlich Wasser holen, das nähren und erhalten wird. Während der Jugend hat man Zeit zu Forschung und Untersuchung in jeder Richtung. Die Schule sollte ihren jungen Schülern helfen, ihre Berufe und Verpflichtungen herauszufinden, und nicht nur ihren Verstand mit Tatsachen und technischem Wissen anzufüllen; sie sollte den Nährboden bilden, auf dem sie sich furchtlos, glücklich und einheitlich entwickeln können.

Ein Kind zu erziehen, heißt, ihm zu helfen, Verständnis für Freiheit und Einheitlichkeit zu bekommen. Will man Freiheit erlangen, so muß Ordnung herrschen, welche nur die Tugend verleihen kann; und Einheitlichkeit kann nur durch große Einfachheit entstehen. Von unseren zahllosen Verwicklungen fort müssen wir uns zur Einfachheit entfalten; wir müssen sowohl in unserem Innenleben wie in unseren äußeren Bedürfnissen einfach werden.

Heutzutage ist alle Erziehung um äußere Tüchtigkeit besorgt, während sie das innere Wesen des Menschen vollkommen vernachlässigt oder absichtlich verdirbt; sie entwickelt nur einen Teil seines Wesens und läßt den Rest mitschleifen, so gut er kann. Unsere innere Verwirrung, Feindseligkeit und Furcht siegt immer über das äußerliche Gefüge der Gesellschaft, mag es auch noch so edel erdacht und schlau aufgebaut sein. Wenn wir nicht die rechte Erziehung bekommen, zerstören wir einander, und dem Menschen bleibt materielle Sicherheit versagt. Einen Schüler richtig zu erziehen, bedeutet, ihm behilflich zu sein, den gesamten Vorgang in seinem Innern zu verstehen; denn nur wenn beim täglichen Handeln ein einheitlicher Zusammenschluß von Sinn und Herz stattfindet, kann Einsicht und innere Wandlung zutage treten.

Neben dem Darbieten von Kenntnissen und der technischen Schulung sollte die Erziehung vor allem einen einheitlichen Ausblick auf das Leben fördern; sie sollte dem Schüler helfen, alle gesellschaftlichen Unterscheidungen und Vorurteile zu erkennen und bei sich niederzureißen, und ihn außerdem in seinem auf Erwerb gerichteten Streben nach Macht und Herrschsucht entmutigen. Sie sollte die rechte Art der Selbstbeobachtung und die Erfahrung des Lebens in seiner Gesamtheit fördern; mit anderen Worten, nicht dem ‚Ich' und ‚Mein' vermehrte Bedeutung beilegen, sondern dem Verstande helfen, über sich selbst hinauszugehen, um das Wahre zu entdecken. Freiheit entsteht nur durch Selbsterkenntnis bei unseren täglichen Obliegenheiten, und zwar in unseren Beziehungen zu Menschen, Dingen, Ideen und zur Natur. Will der Erzieher seinem Schüler zur Einheitlichkeit verhelfen, so darf er keinen fanatischen oder unvernünftigen Nachdruck auf einen besonderen Lebensabschnitt legen. Es ist gerade das Verständnis für die Gesamtheit des Daseins, welches Einheitlichkeit mit sich bringt. Wenn Selbsterkenntnis einsetzt, hört die Fähigkeit, Illusionen zu schaffen, auf und nur dann kann Wirklichkeit oder Gott zutage treten.

Ein menschliches Wesen muß einheitlich geschlossen sein, wenn es aus irgendeiner Krise, und besonders der heutigen Weltkrise, auftauchen will, ohne zerbrochen zu werden; daher muß für Eltern und Erzieher, die wirklich an Erziehung interessiert sind, das Hauptproblem lauten: wie kann man den Menschen einheitlich entwickeln. Zu diesem Zweck muß ganz offenbar der Erzieher selber einheitlich sein; und so wird die rechte Erziehung nicht nur für die junge, sondern auch für die ältere Generation von höchster Wichtigkeit, wenn diese willig zu lernen und in ihrem Denken noch nicht zu erstarrt ist. Was wir in unserem Innern sind, ist weit bedeutungsvoller als die überlieferte Frage: was sollen wir unser Kind lehren? Und wenn wir unsere Kinder lieben, werden wir dafür sorgen, daß sie die richtigen Erzieher bekommen.

Unterrichten sollte nicht der Beruf eines Spezialisten sein. Wenn er dies wird, wie es so oft der Fall ist, welkt die Liebe dahin; und Liebe ist wesentlich für Einheitlichkeit. Um einheitlich zu werden, muß man frei von Furcht sein. Furchtlosigkeit führt zur Unabhängigkeit ohne Grausamkeit, ohne Geringschätzung eines andern, und dies ist ein wesentlicher Faktor im Leben. Ohne Liebe können wir unsere vielen widerstreitenden Probleme nicht lösen; ohne Liebe vermehrt die Ansammlung von Wissen nur unsere Verwirrung und führt zur Selbstzerstörung.

Ein einheitliches menschliches Wesen wird durch seine Erfahrung eine Technik entwickeln, denn der schöpferische Trieb schafft seine eigene Technik — und das ist die größte Kunst. Wenn das Kind einen schöpferischen Trieb zum Malen spürt, wird es malen und sich nicht um Technik kümmern. In ähnlicher Weise sind Menschen, die unterrichten, w e i l sie Erfahrungen machen wollen, die einzig wahren Lehrer, und auch sie werden ihre eigene Technik schaffen. Das klingt sehr einfach, ist aber tatsächlich eine tiefgehende Umwälzung. Wenn wir darüber nachdenken, werden wir die außerordentliche Wirkung erkennen, die dies auf die Gesellschaft haben kann. Heutzutage sind die meisten Menschen mit fünfundvierzig oder fünfzig Jahren in der Sklaverei ihrer Routine verbraucht; Unterwürfigkeit, Furcht und beständige Anpassung haben sie erledigt, obgleich sie immer weiter kämpfen in einer Gesellschaft, die nur noch für diejenigen Bedeutung hat, die sie beherrschen und sich in ihr sicher fühlen. Wenn ein Lehrer das erkennt und selber wirklich experimentiert, wird sein Unterricht — wie auch sein Temperament und seine Befähigung sein mögen — keine Angelegenheit der Routine, sondern eine Hilfeleistung werden.

Wollen wir ein Kind verstehen, so müssen wir es beim Spiel beobachten und es in seinen verschiedenen Stimmungen studieren; wir dürfen unsere eigenen Vorurteile, Hoffnungen und Ängste nicht auf es übertragen oder es nach dem Schema unseres Verlangens zu formen suchen. Wenn wir das Kind beständig nach unseren persönlichen Vorlieben und Abneigungen beurteilen, richten wir notgedrungen Schranken und Hindernisse in unserer Beziehung zu ihm und in seiner Beziehung zur Welt auf. Unglücklicherweise wollen die meisten Menschen ihr Kind so entwickeln, daß es ihre eigenen Eitelkeiten und Idiosynkrasien befriedigt; wir finden alle Arten Behagen und Genugtuung in dem, was wir ausschließlich besitzen und beherrschen.

Ein solcher Vorgang ist ganz gewiß keine ‚Beziehung', sondern nichts als auferlegter Zwang, und es wird daher wichtig, das schwierige und zusammengesetzte Problem der Herrschsucht zu untersuchen. Es nimmt vielerlei listige Formen an und ist in seiner Selbstgerechtigkeit besonders hartnäckig. Der Wunsch ‚zu dienen' mit seinem unbewußten Verlangen nach Macht ist schwer zu verstehen. Kann Liebe da zutage treten, wo sich Besitzsucht zeigt? Zu herrschen bedeutet, einen anderen zu seiner Selbstbefriedigung zu benutzen; wo man jedoch einen anderen benutzt, besteht keine Liebe. Wenn Liebe da ist, herrscht Achtung, nicht nur vor dem Kinde, sondern vor jedem menschlichen Wesen. Sind wir von diesem Problem nicht tief berührt, dann können wir niemals die rechte Erziehung finden. Bloße Schulung im Technischen führt zur Grausamkeit; um aber unsere Kinder zu erziehen, müssen wir ein Gefühl für die vollständige Bewegung des Lebens besitzen. Es hängt unendlich viel davon ab, wie wir denken, wie wir handeln und sprechen, denn dies erzeugt unsere Umgebung, und die Umgebung hilft dem Kinde oder behindert es.

Offenbar müssen also diejenigen, die sich für das Problem wahrhaft interessieren, mit dem eigenen Verständnis beginnen und dadurch helfen, die Gesellschaft umzuwandeln; dann werden wir es uns direkt zur Pflicht machen, einen neuen Zugang zu der Erziehung zu schaffen. Müssen wir, wenn wir unsere Kinder lieben, nicht einen Weg finden, um Kriegen ein Ende zu bereiten? Wenn wir jedoch das Wort ‚Liebe' bedeutungslos anwenden, wird das gesamte verwickelte Problem menschlichen Elends bestehenbleiben. Der Weg aus diesem Problem heraus führt durch unser Ich. Wir müssen anfangen, unsere Beziehungen zu den Mitmenschen, zur Natur, zu Ideen und Dingen zu begreifen, denn ohne solches Verständnis besteht keine Hoffnung, und es gibt keinen Ausweg aus Konflikt und Leid.

Das Aufziehen von Kindern erfordert intelligente Beobachtung und große Sorgfalt. Fachkundige können mit ihrem Wissen niemals die Liebe der Eltern ersetzen, aber die meisten Eltern verderben diese Liebe durch ihre eigenen Ängste und ehrgeizigen Bestrebungen, die den Ausblick des Kindes bedingen und verzerren. So wenige unter uns sind wirklich um Liebe besorgt, wir begnügen uns statt dessen weitgehend mit dem Anschein von Liebe. Das heutige erzieherische und gesellschaftliche Gefüge verhilft dem Menschen nicht zur Freiheit und Einheitlichkeit; und wenn Eltern überhaupt ernsthaft sind und den Wunsch haben, ihr Kind zu seiner vollen, einheitlich zusammengeschlossenen Fähigkeit aufwachsen zu sehen, müssen sie damit anfangen, den Einfluß des Elternhauses zu ändern und Schulen mit den rechten Lehrkräften zu schaffen.

Der Einfluß des Hauses und der Schule darf in keiner Weise miteinander in Widerspruch stehen, daher müssen sowohl Eltern wie Lehrer sich selber neu erziehen. Der Gegensatz, der so oft zwischen dem häuslichen Leben eines Menschen und seinem Leben als Mitglied einer Gruppe besteht, erzeugt in seinem Innern und in seinen Beziehungen endlosen Kampf. Dieser Konflikt wird durch falsche Erziehung angefacht und aufrechterhalten, und sowohl Regierung wie organisierte Religion tragen durch ihre miteinander unvereinbaren Lehren zu der Verwirrung bei. Gleich von Anfang an ist das Kind mit sich selbst uneinig, und dies läuft auf persönliches und gesellschaftliches Unheil hinaus.

Wenn wir, die wir unsere Kinder lieben und die Dringlichkeit dieses Problems erkennen, Sinn und Herz daran setzen, dann können wir, auch wenn wir nur wenige an Zahl sind, helfen, durch rechte Erziehung und eine intelligente häusliche Umgebung einheitliche menschliche Wesen zu schaffen; wenn wir indessen, wie so viele andere, unser Herz mit den Listen unseres Geistes erfüllen, werden wir nur weiter unsere Kinder durch Kriege, Hungersnöte und ihre eigenen psychologischen Konflikte sich zerstören sehen. Rechte Erziehung kommt mit der Umwandlung in uns selber. Wir müssen uns aufs neue dazu erziehen, niemals zu töten — auch nicht für eine noch so gerechte Sache oder für eine Ideologie, die vielversprechend für das künftige Glück der Menschheit erscheinen mag. Wir müssen lernen, mitleidig zu sein, uns mit wenigem zufrieden zu geben und nach dem Höchsten zu streben, denn nur dann kann die Menschheit wahrhaft gerettet werden.

III.

VERSTAND, AUTORITÄT UND EINSICHT

VIELE UNTER UNS SCHEINEN ZU DENKEN, daß wir unsere menschlichen Probleme lösen können, wenn wir allen Menschen Lesen und Schreiben beibringen; doch diese Idee hat sich als falsch erwiesen. Die sogenannt Gebildeten sind keine friedliebenden, harmonischen Menschen, und auch sie sind für Verwirrung und Elend in der Welt verantwortlich. Rechte Erziehung bedeutet das Erwecken von Einsicht und das Entfalten eines einheitlichen Lebens, und nur solche Erziehung kann eine neue Kultur in einer friedvollen Welt herbeiführen; um aber diese neue Art der Erziehung zu schaffen, müssen wir auf einer vollkommen anderen Grundlage ganz von neuem beginnen.

Während die Welt rings um uns her zusammenbricht, erörtern wir Theorien oder eitle politische Fragen und spielen mit oberflächlichen Reformen. Ist dies nicht ein Zeichen äußerster Gedankenlosigkeit? Ein paar Menschen werden mir hier zustimmen; doch werden sie weiter so handeln, wie sie es gewohnt waren — und darin liegt die Tragik unseres Daseins. Wenn wir etwas Wahres hören, aber nicht danach handeln, wird es zu einem Gift in unserem Innern, und dieses Gift verbreitet sich und bringt psychologische Störungen, Unausgeglichenheit, oft sogar Krankheit mit sich. Nur wenn schöpferische Einsicht im Menschen erwacht, besteht die Möglichkeit eines friedvollen und glücklichen Lebens.

Wir können es nicht als intelligent bezeichnen, wenn wir lediglich eine Regierung durch eine andere, eine Partei durch eine andere oder einen Ausbeuter durch einen anderen ersetzen. Blutige Revolution wird niemals unser Problem lösen. Nur tiefe, innere Wandlung, welche alle Werte verändert, kann eine neue Umgebung, ein einsichtsvolles gesellschaftliches Gefüge schaffen, und solche Revolution kann von dir und mir herbeigeführt werden. Eine Neuordnung kann nicht entstehen, ehe wir nicht einzeln unsere psychologischen Schranken durchbrochen haben und frei sind.

Auf Papier können wir den Grundriß einer schimmernden Utopie, einer tapferen, neuen Welt aufzeichnen; doch unser Opfer der Gegenwart zugunsten einer unbekannten Zukunft kann bestimmt keines unserer Probleme beseitigen. So vieles kann zwischen heute und der Zukunft geschehen, daß niemand weiß, was sie bringen wird. Das einzige, was wir tun können und müssen, wenn wir es ernst meinen, ist dies: unsere Probleme jetzt anpacken, anstatt sie in die Zukunft hinauszuschieben. Ewigkeit liegt nicht in der Zukunft, Ewigkeit liegt im Jetzt. Unsere Probleme bestehen in der Gegenwart und können nur in der Gegenwart gelöst werden.

Wem es unter uns ernst hiermit ist, der muß sich neu gestalten; aber Erneuerung kann nur eintreten, wenn wir uns von den Werten, die wir in unserem streitlustigen Verlangen nach Selbstschutz geschaffen haben, lossagen. Selbsterkenntnis ist der Beginn aller Freiheit, und nur wenn wir uns selber kennen, können wir Ordnung und Frieden herbeiführen.

Hier könnte jemand fragen: „Wie kann das, was ein einzelner Mensch tut, die Geschichte beeinflussen? Kann er durch seine Lebensweise irgend etwas erreichen?" Sicherlich kann er es. Offenbar können wir hier nicht den unmittelbar bevorstehenden Kriegen Einhalt gebieten oder ein direktes Verständnis zwischen den Völkern vermitteln; doch können wir zum mindesten in der Welt unserer täglichen Beziehungen einen grundlegenden Wandel herbeiführen, der sein eigenes Ergebnis zeitigen wird. Aufklärung des einzelnen Menschen hat seine Wirkung auf größere Gruppen, aber nur dann, wenn man nicht nach Resultaten verlangt. Denkt man in Begriffen wie ‚Vorteil' und ‚Erfolg', so kann man sich selbst nicht wahrhaft umformen.

Die menschlichen Probleme sind nicht einfach, sondern sehr verwickelt. Man braucht Geduld und Einsicht, um sie zu erfassen, und es ist von höchster Wichtigkeit, daß wir als Einzelwesen sie verstehen und selber lösen. Sie lassen sich nicht mit Hilfe leichter Formeln oder mit Wahlsprüchen begreifen; noch können sie auf ihrer eigenen Ebene durch Spezialisten gelöst werden, die in einer bestimmten Richtung denken; dies führt nur weiter zu Verwirrung und Leid. Unsere zahlreichen Probleme lassen sich nur begreifen und lösen, wenn wir uns des Ich als eines Gesamtvorganges bewußt werden, das heißt, wenn wir unsere gesamte psychologische Einkleidung verstehen; und keine Religion, kein politischer Führer kann uns den Schlüssel zu solchem Verständnis geben.

Um uns selber zu begreifen, müssen wir uns unserer Beziehungen nicht nur zu Menschen, sondern auch zu Besitz, Ideen und zur Natur bewußt werden. Wollen wir eine wahre Revolution der menschlichen Beziehungen, die die Grundlage jeder Gesellschaft bilden, herbeiführen, so muß eine wesentliche Änderung unserer Werte und Anschauungen stattfinden; aber wir vermeiden die notwendige und grundlegende Umformung unserer selbst und versuchen, politische Revolutionen in der Welt durchzuführen, die stets zu Blutvergießen und Unheil führen. Eine Beziehung, die auf Sensation aufgebaut ist, kann niemals ein Mittel zur Befreiung vom Ich werden; doch die meisten unserer Beziehungen sind auf Sensation begründet, sie sind das Ergebnis unseres Verlangens nach persönlichem Vorteil, nach Behagen und psychologischer Sicherheit. Mögen sie uns auch zeitweilig eine Flucht vor dem Ich bieten, so bestärken sie doch nur das Ich in seinen einengenden und bindenden Bestätigungen. Beziehung ist ein Spiegel, in welchem das Ich in all seinen Tätigkeiten sichtbar wird; und erst wenn die Wege des Ich in ihren Reaktionen auf die Beziehungen verstanden werden, entsteht schöpferische Befreiung vom Ich.

Wollen wir die Welt umwandeln, so muß eine Erneuerung in uns selbst stattfinden. Nichts wird erreicht mit Gewalt, mit leichtfertigem gegenseitigem Umbringen. Wir können vielleicht zeitweise Befreiung finden, indem wir uns einer Gruppe anschließen oder die Methoden sozialer und wirtschaftlicher Reform studieren, indem wir Gesetze ausarbeiten oder beten; doch was wir auch tun mögen, unsere Probleme werden ohne Selbsterkenntnis und die ihr innewohnende Liebe nur wachsen und sich vervielfältigen. Wenn wir dagegen Sinn und Herz der Aufgabe, uns selbst erkennen zu lernen, zuwenden, werden wir zweifellos unsere zahllosen Konflikte und Leiden beseitigen können.

Die moderne Erziehung macht uns zu gedankenlosen Wesen; sie hilft uns sehr wenig dabei, unsere besondere Berufung zu finden. Wir bestehen bestimmte Prüfungen und bekommen dann, wenn wir Glück haben, Arbeit — doch das bedeutet oft endlose Routine für den Rest unseres Lebens. Obgleich wir unsere Arbeit hassen, müssen wir dabei bleiben, weil wir kein anderes Mittel haben, unseren Lebensunterhalt zu erwerben. Vielleicht möchten wir etwas vollkommen anderes tun, doch Pflichten und Verantwortungen halten uns zurück, und unsere eigenen Ängste und Besorgnisse bedrängen uns. In unserer Unbefriedigtheit suchen wir Ausflucht im Geschlechtsleben, im Trinken, in der Politik oder in religiöser Schwärmerei. Werden unsere ehrgeizigen Bestrebungen vereitelt, so geben wir dem, was normal sein sollte, ungebührliche Bedeutung und bekommen psychologische Verwicklungen. Ehe wir nicht vollkommenes Verständnis für unser Leben und unsere Liebe, für unsere politischen, religiösen und sozialen Wünsche mit ihren Forderungen und Behinderungen gewonnen haben, werden die stets zunehmenden Probleme in unseren Beziehungen uns zu Elend und Zerstörung führen.

Unwissenheit ist Mangel an Kenntnis für die Wege des Ich, und solche Unwissenheit läßt sich nicht durch oberflächliche Betätigungen und Reformen zerstreuen; sie kann nur durch beständige Beobachtung der Bewegungen und Reaktionen des Ich in all seinen Beziehungen aufgehoben werden.

Wir müssen klar erkennen, daß wir nicht nur durch unsere Umgebung beeinflußt werden, sondern daß wir diese Ungebung s i n d — wir stehen nicht abseits von ihr. Unsere Gedanken und Reaktionen werden durch die Werte bedingt, welche die Gesellschaft, deren Teil wir sind, uns auferlegt. Wir sehen niemals, daß wir die Gesamtheit unserer Umgebung s i n d , denn es gibt mehrere Wesenheiten in uns, die alle um das ‚Ich' oder ‚Selbst' kreisen. Das Ich setzt sich aus diesen Wesenheiten zusammen, die nur unsere Wünsche in verschiedenen Formen darstellen. Aus der Ansammlung von Wünschen erhebt sich die im Mittelpunkt stehende Figur des Denkers: der Wille des

,Ich' oder ‚Mein'; auf diese Weise wird eine Teilung zwischen dem Ich und dem Nicht-Ich, zwischen ‚mir' und der Umgebung oder Gesellschaft geschaffen. Diese Teilung ist der Beginn von innerem und äußerem Konflikt.

Das Wahrnehmen dieses Vorganges, sowohl im Bewußten wie im Unterbewußten, ist Meditieren; und bei solcher Meditation überschreitet man das Ich mit seinen Wünschen und Konflikten. Selbsterkenntnis ist unerläßlich, will man von den Einflüssen und Wertbegriffen, in die sich das Ich flüchtet, frei werden; und nur in solcher Freiheit tritt Schöpfung, Wahrheit, Gott, oder wie man es nennen will, zutage.

Meinungen und Traditionen formen unser Denken und Fühlen vom zartesten Alter an. Unmittelbare Einflüsse und Eindrücke bringen eine nachdrückliche und bleibende Wirkung hervor, die den gesamten Verlauf unseres bewußten und unbewußten Lebens gestaltet. Anpassung setzt schon in der Kindheit infolge von Erziehung und dem Ansturm der Gesellschaft ein. Das Verlangen nachzuahmen ist ein sehr starker Faktor in unserem Leben, nicht nur an der Oberfläche, sondern auch auf tieferen Ebenen. Wir haben kaum je selbständige Gedanken oder Gefühle. Treten sie doch einmal auf, so sind es bloße Reaktionen und als solche nicht frei von der bestehenden Schablone; denn in einer Reaktion ist keine Freiheit.

Philosophie und Religion haben bestimmte Methoden aufgestellt, mit deren Hilfe wir zur Verwirklichung von Wahrheit oder Gott gelangen können; und doch, wenn man ausschließlich einer Methode folgt, wie segensreich sie auch in unserem täglichen gesellschaftlichen Leben erscheinen mag, bleibt man gedankenlos und uneinheitlich. Der Drang zur Anpassung, der unser Verlangen nach Sicherheit darstellt, nährt Furcht und bringt politische und religiöse Autoritäten, Führer und Helden in den Vordergrund, welche Unterwürfigkeit befürworten, und von denen wir uns auf feine oder grobe Art beherrschen lassen; andrerseits ist sich n i c h t anzupassen eine bloße Reaktion gegen Autorität und hilft uns in keiner Weise, einheitliche menschliche Wesen zu werden. Reaktion ist endlos: sie führt nur zu neuer Reaktion.

Anpassung mit ihrer Unterströmung von Furcht ist ein Hindernis; aber rein intellektuelle Erkenntnis dieser Tatsache kann das Hindernis nicht beseitigen. Nur wenn wir uns mit unserem ganzen Wesen der Schranken bewußt werden, können wir uns von ihnen befreien ohne weitere und größere Stockungen hervorzurufen.

Sind wir innerlich abhängig, so hat die Tradition einen starken Einfluß auf uns; aber ein Mensch, der traditionell denkt, kann das Neue nicht entdecken. Durch Anpassung werden wir zu mittelmäßigen Nachahmern, zu Rädern in der grausamen Maschine der Gesellschaft. Wichtig ist, was w i r denken, und nicht, was andere w o l l e n , daß wir denken. Wenn wir uns der Tradition unterwerfen, werden wir bald genug zu bloßen Abbildern dessen, was wir sein sollten. Solche Nachahmung erzeugt Furcht, und Furcht tötet schöpferisches Denken. Furcht stumpft Sinn und Herz ab, so daß wir die volle Bedeutung unseres Lebens nicht mehr aufmerksam verfolgen können; wir werden unempfindlich für unser eigenes Leid, für den Flug der Vögel, für ein Lächeln oder das Elend anderer.

Bewußte und unbewußte Furcht kann vielerlei Ursachen haben, und man braucht große Aufmerksamkeit, will man sich von ihnen allen befreien. Furcht läßt sich weder durch Disziplin oder Veredelung, noch durch irgendeinen anderen Willensakt beseitigen: man muß ihre Ursachen ergründen und begreifen. Dies erfordert Geduld und eine Wachsamkeit, in der keinerlei Urteilen stattfindet.

Es ist verhältnismäßig leicht, unsere bewußten Ängste zu verstehen und aufzulösen. Doch unbewußte Ängste werden von den meisten Menschen nicht einmal entdeckt, denn wir lassen sie nie an die Oberfläche gelangen; und kommen sie bei seltenen Gelegenheiten doch einmal nach oben, so decken wir sie schnell zu oder laufen vor ihnen davon. Verborgene Ängste geben sich oft in Träumen oder Andeutungen anderer Art zu verstehen und verursachen mehr Verderben und Konflikt als oberflächliche Furcht.

Unser Leben spielt sich nicht nur an der Oberfläche ab, der größere Teil entzieht sich gelegentlicher Beobachtung. Wollen wir unsere dunklen Ängste ans Tageslicht bringen und auflösen, dann muß unser bewußter Verstand einigermaßen zur Ruhe kommen und darf nicht dauernd geschäftig bleiben; wenn dann unsere Ängste an die Oberfläche gelangen, muß man sie unbehindert beobachten, denn jede Art der Verurteilung oder Rechtfertigung verstärkt sie nur. Um frei von aller Furcht zu werden, müssen wir uns ihres trüben Einflusses bewußt werden; beständige Wachsamkeit allein kann uns ihre mannigfaltigen Ursachen enthüllen.

Eine Folge der Furcht ist das Aufstellen von Autoritäten bei unseren menschlichen Angelegenheiten. Wir schaffen Autorität in unserem Verlangen, recht zu haben, sicher zu gehen, behaglich zu leben und keine bewußten Konflikte oder Störungen zu erleiden; ein Ergebnis der Furcht kann uns jedoch niemals helfen, unsere Probleme zu begreifen, selbst dann nicht, wenn sich die Furcht in die Form von Respekt und Gehorsam den sogenannt Weisen gegenüber kleidet. Weise Menschen üben keine Autorität aus, und autoritative Menschen sind keine

Weisen. Furcht in jeglicher Form verhindert das Verständnis des eigenen Ich und seiner Beziehungen zu allen Dingen. Einer Autorität zu folgen, bedeutet ein Verleugnen der Intelligenz. Autorität anzuerkennen, heißt, sich der Botmäßigkeit zu ergeben, sich einem Individuum, einer Gruppe, einer religiösen oder politischen Ideologie zu unterwerfen; solche Unterwerfung unter eine Autorität ist jedoch das Verleugnen von Intelligenz und individueller Freiheit. Einen Glauben oder ein Ideensystem anzuerkennen, ist eine Reaktion des Selbstschutzes. Das Annehmen von Autorität kann uns zeitweise helfen, unsere Schwierigkeiten und Probleme zuzudecken; doch wenn man ein Problem vermeidet, verstärkt man es nur und bei diesem Vorgang gibt man seine Selbsterkenntnis und Freiheit preis.

Wie kann man je einen Kompromiß zwischen der Freiheit und dem Annehmen von Autorität machen? Wenn ein solcher Kompromiß gemacht wird, sind diejenigen, die behaupten, sie streben nach Selbsterkenntnis und Freiheit, nicht aufrichtig in ihrem Bemühen. Wir scheinen zu glauben, Freiheit sei ein äußerstes Ende, ein Ziel, und wir müßten uns, um frei zu werden, zuerst allerlei Formen von Unterdrückung und Einschüchterung unterwerfen. Wir hoffen, Freiheit durch Anpassung zu erreichen; aber sind die Mittel nicht ebenso wichtig wie das Ziel? Bilden die Mittel nicht das Ziel? Um Frieden zu erlangen, muß man friedliche Mittel anwenden; denn wenn die Mittel gewaltsam sind, wie kann dann das Ziel friedvoll sein? Soll Freiheit unser Ziel sein, so muß man in Freiheit beginnen, weil Anfang und Ende eins sind. Selbsterkenntnis und Einsicht können nur entstehen, wenn vom ersten Anfang an Freiheit herrscht; man verleugnet jedoch die Freiheit, wenn man Autorität annimmt.

Wir verehren Autorität in verschiedenen Formen: als Wissen, Erfolg, Macht und so weiter. Wir üben Autorität auf die Jüngeren aus und fürchten uns gleichzeitig vor der Autorität über uns. Wenn ein Mensch selber keine innere Sehergabe hat, werden Macht und Rang in der Außenwelt höchst bedeutsam für ihn; dann wird er mehr und mehr von Autorität und Zwang abhängig und damit zum Werkzeug anderer. Man kann diesen Vorgang in seiner Umgebung beobachten; in Zeiten der Krise handeln demokratische Völker genau wie diktatorisch regierte: sie vergessen ihre Demokratie und zwingen die Menschen zur Anpassung.

Können wir den Zwang hinter unserem Verlangen, zu herrschen oder beherrscht zu werden, begreifen, dann können wir vielleicht auch von den lähmenden Wirkungen der Autorität frei werden. Wir streben danach, sicher zu gehen, recht zu haben, Erfolg und Wissen zu erlangen; und dieser Wunsch nach Gewißheit und Fortdauer errichtet in unserem Innern die Autorität unserer persönlichen Erfahrung, während er in der Außenwelt die Autorität der Gesellschaft, Familie, Religion und so weiter schafft. Es hat jedoch sehr wenig Sinn, Autorität lediglich nicht zu beachten oder nur ihre äußeren Symbole abzuschütteln. Wenn man sich von e i n e r Überlieferung losmacht, um sich einer anderen anzugleichen, wenn man einen Führer verläßt, um einem andern zu folgen, ist dies nichts als eine oberflächliche Geste. Wollen wir uns des gesamten Vorganges ‚Autorität' bewußt werden, wollen wir seine innere Bedeutung erkennen, unser Verlangen nach Sicherheit begreifen und darüber hinausgehen, dann müssen wir umfassende Bewußtheit und Einsicht erlangen, — dann müssen wir frei sein, und zwar nicht am Ende, sondern am Anfang.

Das Streben nach Sicherheit und Gewißheit ist eine der

Haupttätigkeiten unseres Ich, und eben diese treibende Kraft muß beständig beobachtet werden, ohne daß man sie abbiegt und in andere Richtung oder zur Anpassung an ein wünschenswertes Schema zwingt. Das ‚Ich' und ‚Mein' ist in den meisten Menschen sehr stark; im Wachzustand wie im Schlaf ist es beständig auf der Hut, stets sich selbst bestärkend. Wird man nun seines Ich gewahr und erkennt, daß alle seine noch so fein angelegten Betätigungen unvermeidlich zu Konflikt und Leid führen müssen, dann erreicht das Streben nach Sicherheit und Fortdauer ein Ende. Man muß aber unausgesetzt darauf achten, daß das Ich seine Eigenarten und Ränke enthüllt; beginnen wir, diese zu verstehen, und die Verwicklungen, die bei unserem Annehmen und Ableugnen von Autorität miteingeschlossen sind, zu begreifen, dann fangen wir bereits an, von Autorität frei zu werden.

Solange unser Sinn sich von seinem Verlangen nach Sicherheit beherrschen und kontrollieren läßt, kann keine Befreiung von unserem Ich und seinen Problemen eintreten; dies ist auch der Grund, weshalb keine Freisetzung des Ich durch Dogmen und organisierten Glauben — die wir Religion nennen — geschehen kann. Dogma und Glaube sind nichts als Erfindungen unseres Geistes. Wenn auch die heiligen Bräuche, die überlieferten Formen des Meditierens oder die beständig sich wiederholenden Worte und Sätze eine gewisse befriedigende Reaktion auslösen mögen, so können sie uns doch nicht vom Ich und seinen Betätigungen befreien; denn das Ich ist seinem Wesen nach ein Ergebnis von Sensation. In Augenbicken des Kummers wenden wir uns an den, den wir Gott nennen, der aber nur ein Bildnis unseres eigenen Geistes ist; oder wir suchen Erklärungen, die uns befriedigen und zeitweilig Trost spenden. Die Religionen, denen wir folgen, werden aus unseren Hoffnungen und Ängsten und unserem Verlangen nach innerer Sicherheit und Beruhigung geboren; und mit der Verehrung einer Autorität — sei es der des Heilands, des Meisters oder des Geistlichen — entsteht Unterwerfung, Annahme und Nachahmung. So werden wir im Namen Gottes ausgebeutet, wie wir im Namen von Parteien und Ideologien ausgebeutet werden — und unser Leiden geht weiter.

Wir sind alle Menschen, welche Namen wir uns auch beilegen mögen, und Leiden ist unser Schicksal. Kummer ist uns allen gemeinsam, dem Idealisten wie dem Materialisten. Idealismus ist die Flucht vor dem, was i s t , und Materialismus ist nur eine andere Art, die unermeßliche Tiefe der Gegenwart zu verleugnen. Sowohl der Idealist wie der Materialist vermeidet auf die ihm eigene Weise das verwickelte Problem des Leidens; beide werden von ihren Wünschen, Bestrebungen und Konflikten verzehrt, und ihre Art zu leben ist der Gelassenheit nicht dienlich. Beide sind für Verwirrung und Elend in der Welt verantwortlich.

Wenn wir uns nun in einem Zustand des Konflikts oder Leidens befinden, herrscht kein Verständnis: mag unser Handeln auch noch so sorgsam und geschickt bedacht sein, in solchem Zustande kann es nur aufs neue zu Verwirrung und Leid führen. Um Konflikt zu verstehen und dadurch frei von ihm zu werden, muß man den Lauf seines Bewußtseins wie seines Unterbewußtseins wahrnehmen. Kein Idealismus, kein System und keine Schablone irgendwelcher Art kann uns helfen, die Tiefenwirkungen unseres Geistes zu entwirren; im Gegenteil, jede Formulierung oder Schlußfolgerung wird ihrem Enthüllen nur hinderlich. Das Streben nach etwas, das eintreten sollte, die Bindung an Grundsätze oder Ideale, das

Aufstellen eines Zieles — all dies führt zu mannigfaltigen Illusionen. Wollen wir uns selbst erkennen, so muß eine gewisse Spontaneität, eine freie Beobachtung herrschen, und dies ist nicht möglich, wenn unser Sinn an das Oberflächliche, an ideale oder materielle Werte gebunden ist. Dasein heißt, in Beziehung stehen; und ob wir nun einer organisierten Religion angehören oder nicht, ob wir weltlich oder in Idealen befangen sind, unser Leiden läßt sich nur durch das Verständnis unserer selbst in unseren Beziehungen beseitigen. Selbsterkenntnis allein kann dem Menschen Ruhe und Glück bringen, denn Selbsterkenntnis ist der Beginn von Einsicht und einheitlichem Zusammenschluß. Einsicht ist nicht bloß oberflächliches Sich-Anpassen; ebensowenig ist es die Ausbildung des Geistes oder das Ansammeln von Wissen. Einsicht ist die Fähigkeit, die Wege des Lebens zu begreifen und die rechten Werte zu erkennen.

Die moderne Erziehung entwickelt mit ihrer Ausbildung des Verstandes mehr und mehr Theorien und Tatsachen, ohne ein Verständnis für den Gesamtvorgang menschlichen Daseins herbeizuführen. Wir sind in hohem Maße Verstandeswesen; wir haben eine gewisse geistige Schlauheit entwickelt und verfangen uns in Erklärungen. Der Verstand begnügt sich mit Theorien und Erklärungen, doch die Einsicht nicht; und für das Verständnis des gesamten Vorgangs unseres Daseins muß sich Sinn und Herz beim Handeln einheitlich zusammenschließen. Einsicht ist von der Liebe nicht zu trennen.

Für die meisten Menschen ist es äußerst schwer, diese innere Umwandlung zu erreichen. Wir können meditieren, wir können Klavier spielen, wir können schreiben, aber wir wissen nichts über den Meditierenden, den Klavierspieler, den Schriftsteller. Wir sind nicht schöpferisch, denn wir haben Herz und

Sinn mit Wissen, mit allerlei Belehrung und unserem Stolz angefüllt; wir sind voller Zitate — den Gedanken und Worten anderer. Doch Erfahrung kommt zuerst, nicht die Art, wie man erfährt. Zuerst muß Liebe da sein, ehe ein Ausdruck der Liebe entstehen kann.

Es wird also deutlich, daß ein bloßes Ausbilden des Verstandes, das heißt die Entwicklung von Fähigkeit und Wissen, nicht zur Einsicht führen kann. Es besteht ein Unterschied zwischen Verstand und Einsicht. Verstand ist Denken, das unabhängig vom Gefühl arbeitet, während Einsicht die Fähigkeit des Fühlens wie auch des Denkens umfaßt; und ehe wir uns nicht dem Leben mit Einsicht anstatt nur mit dem Verstande oder mit dem Gefühl allein nähern, kann uns kein politisches oder erzieherisches System der Welt vor Chaos und Zerstörung bewahren.

Wissen ist nicht mit Einsicht zu vergleichen, Wissen ist keine Weisheit. Weisheit läßt sich nicht erhandeln, sie ist keine Ware, die man um den Preis von Wissen oder Disziplin ersteht. Weisheit kann man nicht in Büchern finden, noch kann man sie ansammeln, auswendig lernen oder aufspeichern. Weisheit tritt mit der Verleugnung des Ich zutage. Es ist wichtiger, einen offenen Sinn zu haben als Gelehrsamkeit zu besitzen; wir können aber unseren Sinn nur öffnen, wenn wir ihn nicht mit Wissen vollstopfen, sondern unserer eigenen Gedanken und Gefühle bewußt werden, indem wir uns selber und die Einflüsse unserer Umgebung aufmerksam betrachten, auf andere hören, und reich wie arm, Mächtige wie Geringe beobachten. Weisheit entsteht nicht durch Furcht und Unterdrückung, sondern durch Wahrnehmung und Verständnis für die täglichen Vorfälle innerhalb unserer menschlichen Beziehungen.

Auf unserer Suche nach Wissen und bei unseren erwerbsüchtigen Bestrebungen verlieren wir die Liebe, wir stumpfen unseren Sinn für Schönheit und unser Gefühl für Grausamkeit ab; wir werden immer mehr spezialisiert und immer weniger einheitlich. Weisheit läßt sich nicht durch Wissen ersetzen, und keine noch so große Zahl von Erklärungen oder Ansammlung von Tatsachen wird den Menschen von seinem Leid befreien. Wissen ist notwendig, und die Wissenschaft hat ihre Bedeutung; wenn aber Sinn und Herz im Wissen ersticken und man die Ursache des Leidens durch Erörterungen beseitigen will, wird das Leben eitel und bedeutungslos. Geschieht dies nicht bei den meisten von uns? Unsere Erziehung macht uns immer seichter; sie hilft uns nicht, die tieferen Schichten unseres Daseins aufzudecken; unser Leben wird stets unharmonischer und leerer.

Obwohl Belehrung oder Tatsachenwissen sich immer mehr verbreitet, ist es gerade seiner Natur nach begrenzt. Weisheit ist unbegrenzt, sie schließt sowohl Wissen wie Handeln ein; doch wir greifen nach einem Zweig und glauben, es sei der ganze Baum. Durch das Wissen um einen Teil können wir niemals die Freude des Ganzen erfassen. Der Verstand kann uns niemals zur Ganzheit führen, denn er ist nur ein Abschnitt, ein Teil.

Wir haben Verstand und Gefühl getrennt und haben unseren Verstand auf Kosten unseres Gefühls ausgebildet. Wir sind wie ein dreibeiniger Gegenstand, dessen eines Bein länger als die anderen ist: uns fehlt es an Gleichgewicht. Wir werden darin geschult, unseren Verstand zu gebrauchen; die Erziehung macht unseren Verstand scharf, schlau und erwerbssüchtig, und so spielt er die wichtigste Rolle in unserem Leben. Einsicht ist viel größer als Intelligenz, denn sie bildet den Zusammenschluß von Vernunft und Liebe; doch kann Einsicht nur herrschen, wenn Selbsterkenntnis oder tiefgehendes Verständnis für den gesamten Vorgang des Ich besteht.

Es ist wesentlich für jeden Menschen, ob jung oder alt, erfüllt und einheitlich zu leben, und daher ist unser größtes Problem die Ausbildung von Einsicht, welche einheitlichen Zusammenschluß mit sich bringt. Ungebührlicher Nachdruck auf irgendeinem Teil unseres Gesamtwesens führt zu einseitigem und daher verzerrtem Ausblick auf das Leben, und eben diese Verzerrung ist die Ursache für die meisten unserer Schwierigkeiten. Jede Teilentwicklung unserer gesamten Beschaffenheit muß notwendigerweise für uns selbst wie für die Gesellschaft gleich unheilvoll sein, und so ist es tatsächlich sehr wichtig, daß wir uns unseren menschlichen Problemen von einem einheitlichen Standpunkt aus nähren.

Ein einheitliches menschliches Wesen zu sein, bedeutet, den gesamten Verlauf seines eigenen Bewußtseins zu begreifen, sowohl des verborgenen wie des unverhüllten. Dies ist nicht möglich, solange wir dem Verstande übertriebenen Nachdruck verleihen. Wir legen der Ausbildung des Geistes zu große Bedeutung bei, während wir innerlich unzulänglich, arm und verwirrt bleiben. Dies Leben im Verstande führt zur Auflösung; denn ebenso wie Glaubenssätze können auch Ideen die Menschen niemals zusammenbringen, es sei denn in miteinander streitenden Gruppen. Solange wir uns auf unser Denken als Weg zur Einheitlichkeit verlassen, muß Verfall eintreten; doch die zerstörende Wirkungsweise des Denkens zu begreifen, heißt, sich der Wege seines Ich, des Verlaufs seines Verlangens bewußt zu werden. Wir müssen unsere Bedingtheit und ihre kollektiven wie persönlichen Reaktionen erkennen. Nur wenn man sich der Tätigkeiten seines Ich mit den einander widersprechenden Wünschen und Bestrebungen, den Hoffnungen und Ängsten bewußt wird, besteht die Möglichkeit, über sein Ich hinaus zu gelangen.

Liebe und rechtes Denken allein können die wahre Revolution, die Revolution in unserm Innern, herbeiführen. Wie aber können wir Liebe erlangen? Nicht mit unserem Streben nach dem Ideal der Liebe, sondern nur, wenn kein Haß und keine Gier mehr bestehen, wenn das Gefühl des Ich — die Ursache allen Widerstreits — sein Ende erreicht. Ein Mensch, dessen Streben in Ausbeutung, Gier und Neid befangen ist, kann niemals lieben.

Ohne Liebe und rechtes Denken werden Bedrückung und Grausamkeit immer mehr zunehmen. Das Problem der Feindschaft zwischen Menschen läßt sich lösen, — nicht in der Jagd nach einem Friedensideal, wohl aber im Verständnis für die Ursachen des Krieges, die in unserer Einstellung zum Leben und zu unseren Mitmenschen liegen; und solches Verständnis kann nur durch rechte Erziehung entstehen. Ohne einen Wandel des Herzens, ohne guten Willen, ohne die innere Umformung, die aus der Bewußtheit des eigenen Ich geboren wird, kann es keinen Frieden und kein Glück für die Menschheit geben.

IV.

ERZIEHUNG UND WELTFRIEDEN

WILL MAN HERAUSFINDEN, WELCHE Rolle die Erziehung in der gegenwärtigen Weltkrise spielen kann, so sollte man zu verstehen suchen, wie diese Krise entstanden ist. Offensichtlich ist sie das Ergebnis eines falschen Wertmessers bei unseren Beziehungen zu Menschen, Besitz und Ideen. Wenn unsere Beziehung zu anderen auf der Selbsterhöhung und unsere Beziehung zu Besitz auf Erwerbssucht beruht, muß die Gesellschaft notgedrungen Wettbewerb und Selbstisolierung fördern. Wenn wir in unserer Beziehung zu Ideen e i n e Ideologie im Gegensatz zu einer anderen rechtfertigen, müssen sich unvermeidlich gegenseitiges Mißtrauen und Übelwollen ergeben.

Eine weitere Ursache des heutigen Chaos ist unsere Abhängigkeit von Autoritäten und Führern, — sei es im täglichen Leben, in einer kleinen Schule oder auf der Universität. Führer sind mit ihrer Autorität zersetzende Faktoren in jeder Kultur. Wenn wir einem anderen folgen, entsteht niemals Verständnis, sondern immer nur Furcht und Anpassung, die schließlich zu der Grausamkeit eines unumschränkt regierten Staates und dem Dogmatismus einer organisierten Religion führen.

Verläßt man sich auf Regierungen oder wendet man sich an Organisationen oder Autoritäten um den Frieden, der mit dem Verständnis des eigenen Ich beginnen muß, so schafft man weitere und größere Konflikte; und kein bleibendes Glück kann entstehen, solange wir eine gesellschaftliche Ordnung gutheißen, in der endloser Kampf und Widerstreit zwischen den Menschen herrscht. Wollen wir bestehende Bedingungen ändern, so müssen wir zuerst uns selber wandeln, das heißt aber, daß wir uns im täglichen Leben unserer Handlungen, Gedanken und Gefühle bewußt zu werden haben.

Wir streben jedoch nicht wirklich nach Frieden, wir wollen der Ausbeutung nicht ernstlich ein Ende setzen. Wir wollen es nicht zulassen, daß sich jemand in unsere Gier einmischt oder daß die Grundlagen unseres heutigen Gesellschaftsgefüges geändert werden; die Dinge sollen so weitergehen wie bisher, höchstens mit oberflächlichen Abwandlungen, und so regieren die Mächtigen und die Schlauen unvermeidlich unser Leben. Frieden läßt sich durch keine Ideologie erreichen, noch hängt er von Gesetzgebung ab; er entsteht erst, wenn jeder einzelne von uns den psychologischen Vorgang in seinem Innern zu verstehen beginnt. Weichen wir aber der Verantwortung, individuell zu handeln, aus und warten auf ein neues System, das Frieden stiften soll, dann werden wir nur zu Sklaven dieses Systems.

Wenn die Regierungen und Diktatoren, die Großindustrie und die hohe Geistlichkeit anfangen einzusehen, daß diese stets wachsende Feindschaft zwischen den Menschen nur zu blinder Zerstörung führt und daher nicht länger einträglich ist, werden sie uns vielleicht durch Gesetzgebung und andere Zwangsmittel dazu treiben, unsere persönlichen Wünsche und Bestrebungen zu unterdrücken und für die Wohlfahrt der

Menschheit zusammenzuarbeiten. Genau wie wir jetzt dazu erzogen und angehalten werden, unbarmherzig miteinander zu wetteifern, so wird man uns dann zwingen, aufeinander Rücksicht zu nehmen und für die Welt als Ganzes zu arbeiten. Und obgleich wir dann alle mit Nahrung, Kleidung und Obdach wohl versorgt sein mögen, werden wir doch nicht frei von unseren Konflikten und Feindseligkeiten sein, die nur auf anderer Ebene noch viel teuflischer und zerstörender auftauchen werden. Nur freiwilliges Handeln ist moralisch und rechtschaffen, und Verständnis allein kann dem Menschen Frieden und Glück bringen.

Glauben, Ideologien und organisierte Religionen hetzen uns gegen unsere Nachbarn auf, und es entsteht Konflikt, nicht nur zwischen verschiedenen Gesellschaften, sondern sogar zwischen Gruppen derselben Gesellschaft. Dies müssen wir erkennen: solange wir uns mit unserem Vaterlande identifizieren, so lange wir an Sicherheit festhalten und uns durch Dogmen begrenzen lassen, muß Streit und Elend ebensogut in unserm Innern wie in der Welt herrschen.

Dann kommt die Frage der Vaterlandsliebe. Wann sind wir patriotisch? Offenbar ist es kein alltägliches Gefühl. Aber wir werden unentwegt zum Patriotismus angehalten durch unsere Schulbücher, durch Zeitungen und andere Arten der Propaganda, die mit ihrem Lob nationaler Helden die Rassenüberhebung anfeuern und uns davon zu überzeugen suchen, daß unser Vaterland und unsere Lebensart besser als die der anderen sei. Diese patriotische Gesinnung nährt unsere Eitelkeit von Kindheit an bis in unser Alter. Die beständige Versicherung, daß wir einer bestimmten politischen oder religiösen Gruppe angehören, daß wir Teil dieses oder jenes Volkes sind, schmeichelt unserem kleinen Ich und bläht es auf, bis wir bereit sind, für unser Vaterland, unsere Rasse oder Ideologie zu töten oder uns töten zu lassen. Das ist alles so töricht und unnatürlich. Gewiß sind doch menschliche Wesen wichtiger als nationale und ideologische Grenzen.

Der trennende Geist des Nationalismus breitet sich wie Feuer über die ganze Welt aus. Vaterlandsliebe wird angefacht und listig ausgebeutet von denen, die nach weiterer Ausdehnung, nach mehr Macht und größerem Reichtum streben; und ein jeder von uns nimmt an dem Vorgang teil, denn auch wir verlangen nach diesen Dingen. Die Eroberung fremder Länder und Völker schafft neue Märkte für den Absatz von Waren wie auch von politischen und religiösen Ideologien.

Man muß all diese Ausdrucksformen der Gewalttätigkeit und Feindseligkeiten einmal mit vorurteilslosem Sinn betrachten, das heißt, ohne sich mit einem Lande, einer Rasse oder einer Ideologie zu identifizieren, sondern nur in dem Bestreben, die Wahrheit herauszufinden. Große Freude liegt in der klaren Erkenntnis einer Tatsache, ohne daß man sich von den Ideen und Belehrungen anderer beeinflussen läßt — selbst nicht von denen der Regierung, des Spezialisten oder des Gelehrten. Sieht man einmal deutlich, daß Patriotismus ein Hindernis für menschliches Glück ist, dann braucht man in seinem Innern nicht länger gegen diese falsche Gemütsbewegung zu kämpfen, dann ist sie auf immer verschwunden.

Nationalismus, vaterländische Gesinnung, Klassen- und Rassenbewußtsein sind alles Attribute des Ich und bewirken daher Trennung. Was ist im Grunde ein Volk anderes als eine Gruppe von Menschen, die aus wirtschaftlicher Überlegung und Gründen des Selbstschutzes zusammenleben? Aus Furcht und erwerbssüchtiger Selbstverteidigung entsteht der Begriff ‚mein Vaterland' mit seinen Grenzen und Zollschranken, welcher

Brüderlichkeit und Einheit unter den Menschen unmöglich macht. Der Wunsch, etwas zu gewinnen und festzuhalten, das Verlangen, mit etwas Größerem als man selber ist identifiziert zu werden, schafft nationale Gesinnung; und Nationalismus erzeugt Krieg. In allen Ländern unterstützt die Regierung, durch organisierte Religion dazu ermutigt, Nationalismus und den Geist der Trennung. Nationalismus ist eine Krankheit, die niemals Einheit in der Welt herbeiführen kann. Gesundung kann man nicht durch Krankheit erlangen, man muß sich zuerst von der Krankheit befreien.

Nur weil wir national gesinnt sind, bereit, unsere souveränen Staaten, unsere Glaubenssätze und unseren Besitz zu verteidigen, müssen wir ständig gerüstet sein. Besitztümer und Ideen sind für uns bedeutsamer geworden als menschliches Leben, und so kommt es unaufhörlich zu Feindseligkeit und Gewalt zwischen uns und anderen. Dadurch, daß wir die Souveränität unseres Landes aufrechterhalten, treiben wir unsere Söhne in die Vernichtung; indem wir den Staat verehren, der nur eine Erfindung unseres Hirns ist, opfern wir unsere Kinder der eigenen Befriedigung auf. Nationalismus und souveräne Regierungen sind die Ursachen und Werkzeuge des Krieges.

Unsere heutigen Gesellschaftsgebilde können sich nicht zu einem Welt-Staatenbund entwickeln, denn ihre Grundlagen sind ungesund. Parlamente und Erziehungssysteme, welche nationale Souveränität verteidigen und die Bedeutung der Gruppe betonen, werden Kriegen niemals ein Ende bereiten. Jede einzelne Gruppe von Menschen mit ihren Herrschern und Untertanen ist eine Quelle des Konflikts. Solange wir nicht die heutigen Beziehungen zwischen den Menschen grundlegend ändern, wird Betriebsamkeit unvermeidlich zu Verwirrung führen und zum Werkzeug von Zerstörung und Elend werden;

solange Gewalt und Tyrannei, Betrug und Propaganda herrschen, kann man die Verbrüderung der Menschheit nicht verwirklichen. Bloße Erziehung zu großartigen Ingenieuren, hervorragenden Wissenschaftlern, fähigen Direktoren oder tüchtigen Arbeitern kann niemals Unterdrücker und Unterdrückte zusammenführen; und man erkennt sehr wohl, daß unser heutiges Erziehungssystem, welches so viele Ursachen zur Feindschaft zwischen den Menschen unterstützt, Massenmorde im Namen des Vaterlandes oder im Namen Gottes nicht hat verhindern können.

Organisierte Religionen mit ihrer weltlichen und geistlichen Autorität sind genau so unfähig, dem Menschen Frieden zu bringen, denn auch sie sind ein Ergebnis unserer Unwissenheit und Furcht, unserer Vorspiegelungen und unserer Selbstsucht.

Aus der Begierde nach Sicherheit hier oder im Jenseits schaffen wir Einrichtungen oder Ideologien, die uns Sicherheit verbürgen; doch je mehr wir um Sicherheit kämpfen, desto weniger werden wir sie erlangen. Der Wunsch nach Sicherheit fördert nur Trennung und verstärkt Feindseligkeit. Wenn wir dies zutiefst als wahr erkennen und es begreifen — nicht nur dem Wortlaut nach oder mit unserer Intelligenz allein, sondern mit unserem ganzen Wesen, — dann werden wir daran gehen, die Beziehungen zu den Mitmenschen unserer unmittelbaren Umgebung grundlegend zu ändern; und nur dann besteht die Möglichkeit, Einheit und Brüderlichkeit zu erreichen.

Die meisten Menschen verzehren sich in allerlei Arten von Furcht und sind außerordentlich um ihre eigene Sicherheit besorgt. Wir hoffen, daß wie durch ein Wunder Kriege einmal aufhören werden; und inzwischen beschuldigen wir andere nationale Gruppen, Kriege angestiftet zu haben, während sie ihrerseits uns die Schuld an dem Unheil zuschieben. Obgleich Krieg so offensichtlich der Gesellschaft schädlich ist, bereiten wir uns doch auf ihn vor und entwickeln kriegerische Gesinnung in der Jugend. Hat aber militärische Ausbildung einen Platz in der Erziehung? Es kommt ganz darauf an, welche Art Menschen wir aus unseren Kindern machen wollen. Wollen wir sie zu wirksamen Totschlägern ausbilden, dann ist militärische Schulung notwendig. Wollen wir sie an Mannszucht gegewöhnen und ihren Verstand beherrschen, ist es unser Ziel, sie nationalistisch und damit verantwortungslos gegenüber der Gesellschaft als Ganzem zu machen, so ist militärische Ausbildung ein ausgezeichnetes Mittel. Wenn wir Tod und Zerstörung lieben, ist die militärische Erziehung offenbar wichtig. Generäle haben die Aufgabe, Kriegspläne zu entwerfen und durchzuführen; und ist es unsere Absicht beständig im Kampf mit unseren Nachbarn zu liegen, dann laßt uns vor allem mehr Generäle haben.

Wenn unser Leben nur dazu da ist, endlosen Streit in unserm Innern und mit anderen zu führen, wenn wir den Wunsch haben, Blutvergießen und Elend fortbestehen zu lassen, dann brauchen wir mehr Soldaten, mehr Politiker und mehr Feindseligkeiten, — was in der Tat heute der Fall ist. Die moderne Zivilisation ist auf Gewalt begründet und huldigt damit dem Tode. Solange wir die Macht anbeten, wird Gewaltsamkeit in unserer Lebensweise vorherrschen. Wenn wir jedoch Frieden erstreben, wenn wir die rechte Beziehung zwischen Menschen — Christen oder Hindus, Russen oder Amerikanern — herstellen möchten, wenn wir aus unseren Kindern einheitliche menschliche Wesen machen wollen, dann ist militärische Ausbildung ein absolutes Hindernis und der falsche Weg zu unserem Vorhaben.

Eine der Hauptursachen von Haß und Streit ist der Glaube, daß eine bestimmte Klasse oder Rasse einer anderen überlegen sei. Ein Kind ist weder klassen- noch rassenbewußt; erst seine Umgebung im Elternhause oder in der Schule oder beide zusammen lassen in ihm das Gefühl der Trennung entstehen. Ihm selber ist es gleichgültig, ob sein Spielgefährte ein Brahmane oder Nicht-Brahmane, ein Neger oder Jude ist; doch der Einfluß des gesamten Gesellschaftsgefüges drückt beständig auf sein Denken, wirkt auf es ein und formt es. Wieder einmal liegt hier das Problem nicht beim Kinde, sondern bei den Erwachsenen, die ihm eine sinnlose Umgebung mit Absonderungen und falschen Werten geschaffen haben. Was für eine tatsächliche Grundlage haben wir zu Unterscheidungen zwischen menschlichen Wesen? Unsere Körper mögen in Bau und Farbe voneinander abweichen, unsere Gesichter verschieden sein, doch unter der Haut sind wir uns alle sehr ähnlich: stolz, ehrgeizig, gewaltsam, sinnlich, machtgierig und so weiter. Nimmt man unsere Aufschriften fort, so sind wir ganz nackt; doch wir wollen uns unserer Nacktheit nicht zuwenden und bestehen daher auf der Aufschrift — was nur bezeugt, wie unreif und wirklich kindisch wir sind.

Will man ein Kind dazu bringen, frei von Vorurteil aufzuwachsen, so muß man zuerst alle Vorurteile bei sich selber und dann in seiner Umgebung niederreißen, — und das bedeutet, das Gefüge dieser gedankenlosen Gesellschaft, die wir geschaffen haben, abzubrechen. Vielleicht erklären wir dem Kinde zu Hause, wie sinnwidrig es ist, sich seiner Klasse oder Rasse bewußt zu sein, und das Kind wird uns wahrscheinlich zustimmen; geht es dann aber in die Schule und spielt mit anderen Kindern, so wird es vom Geist der Absonderung angesteckt. Oder es kann sich anders herum zutragen: das

Elternhaus mag traditionell und eng gesinnt sein, während der Einfluß der Schule liberaler ist. In jedem Falle setzt ein unablässiger Kampf zwischen dem Einfluß des Hauses und der Schule ein, und das Kind ist zwischen beiden gefangen.

Um ein Kind vernünftig aufzuziehen, um ihm zu helfen, aufnahmefähig zu werden, so daß es diese törichten Vorurteile durchschaut, müssen wir in enger Fühlung mit ihm sein. Wir müssen Dinge zusammen besprechen und es an intelligenter Unterhaltung teilnehmen lassen; wir müssen den ihm innewohnenden Geist der Forschung und Unzufriedenheit anfachen und ihm dadurch helfen, selber Wahres und Falsches zu entdecken. Nur beständiges Forschen und wahre Unzufriedenheit führen zu schöpferischer Einsicht; doch ist es äußerst mühsam, den Forschersinn und die Unbefriedigtheit wach zu erhalten, und die meisten Menschen sehen es nicht gern, wenn ihre Kinder diese Art Intelligenz zeigen, denn es ist recht unbequem, mit jemandem zu leben, der unaufhörlich die bestehenden Werte in Frage stellt.

Wir alle sind unzufrieden, wenn wir jung sind, aber unglücklicherweise verblaßt unsere Unzufriedenheit nur zu bald, denn unsere Neigung zur Nachahmung und unsere Verehrung von Autorität erstickt sie. Indem wir älter werden, fangen wir an zu erstarren, Befriedigung zu finden und argwöhnisch zu sein. Wir werden Direktoren, Geistliche, Bankbeamte, Fabrikleiter oder Techniker, und langsamer Verfall setzt ein. Weil wir unsere Stellungen behalten wollen, unterstützen wir die verderbliche Gesellschaft, die uns auf unsere Posten gestellt und uns ein gewisses Maß an Sicherheit gegeben hat.

Die Kontrolle der Regierung über die Erziehung ist ein Unheil. Es besteht keine Hoffnung auf Frieden und Ordnung in der Welt, solange die Erziehung Handlanger des Staates oder einer organisierten Religion ist. Und doch übernehmen mehr und mehr Staaten die Obhut über die Kinder und ihre Zukunft; und ist es nicht die Regierung, dann sind es religiöse Organisationen, welche die Kontrolle über die Erziehung anstreben. Wenn man des Kindes Geist derart bedingt, daß es sich einer bestimmten politischen oder religiösen Ideologie einordnet, dann züchtet man Feindschaft zwischen den Menschen. In einer auf Wettbewerb begründeten Gesellschaft kann keine Brüderlichkeit bestehen, und keine Reform, keine Diktatur und kein Erziehungssystem werden sie je herbeiführen.

Solange jeder bleibt, was er ist — ihr Neuseeländer und ich ein Hindu — widerspricht es der Vernunft, daß wir uns über die Einigkeit der Menschen unterhalten. Wie können wir als menschliche Wesen zusammenkommen, wenn wir jeder in seinem Lande unsere religiösen Vorurteile und wirtschaftlichen Besonderheiten beibehalten? Wie kann Brüderlichkeit entstehen, solange Vaterlandsliebe die Menschen voneinander absondert, und Millionen durch schlechte wirtschaftliche Bedingungen eingeengt leben, während andere wohlhabend sind? Wie kann Einigkeit unter den Menschen bestehen, wenn Glaubenssätze uns trennen, wenn eine Gruppe durch eine andere beherrscht wird, wenn die Reichen alle Macht haben und die Armen nach derselben Macht streben, wenn das Land ungerecht verteilt ist, und einige wenige wohlgenährt sind, während große Massen Hungers sterben?

Eine unserer Schwierigkeiten ist die, daß es uns nicht wirklich ernst um diese Dinge ist, weil wir nicht gestört sein wollen. Wir ziehen es vor, Änderungen nur in der Weise, die für uns vorteilhaft ist, zu machen, und bekümmern uns daher nicht sehr um unsere eigene Leere und Grausamkeit. Können wir je Frieden durch Gewalt erreichen? Kann man allmählich, durch einen langsamen Entwicklungsvorgang zum Frieden gelangen? Ganz gewiß ist Liebe keine Angelegenheit der Schulung oder der Zeit. Die letzten beiden Kriege wurden, wie ich glaube, um Demokratie geführt; jetzt bereiten wir uns auf einen neuen, größeren und zerstörenden Krieg vor, und die Menschen sind noch weniger frei. Was aber würde geschehen, wenn wir solche offensichtlichen Hindernisse zum Verständnis, wie Autorität, Glaube, Nationalismus und den ganzen Begriff der Rangordnung, beiseitesetzten? Dann wären wir Menschen ohne Autorität, menschliche Wesen in direkter Fühlung miteinander, und dann würden vielleicht Liebe und Mitgefühl herrschen. In der Erziehung wie auf jedem anderen Gebiet ist es wesentlich, Menschen mit Verständnis und Zuneigung zu haben, Menschen, deren Herzen nicht von leeren Phrasen oder den Dingen des Verstandes erfüllt sind.

Wenn das Leben dazu bestimmt ist, glücklich, gedankenvoll, sorgsam und in Liebe gelebt zu werden, ist es sehr wichtig, sich selbst zu begreifen; und wenn man eine wahrhaft aufgeklärte Gesellschaft aufbauen will, braucht man Erzieher, die die Einheitlichkeit verstehen und dann fähig sind, ihr Verständnis dem Kinde mitzuteilen. Solche Erzieher wären eine Gefahr für das gegenwärtige Gesellschaftsgefüge. Aber im Grunde wollen wir gar keine aufgeklärte Gesellschaft gründen; und ein Lehrer, der alle stillschweigenden Folgerungen der Friedensliebe erkennt und anfinge, die wahre Bedeutung des Nationalismus und die Dummheit des Kriegführens auseinanderzusetzen, würde sehr bald seine Stellung verlieren. In dieser Erkenntnis schließen die meisten Lehrer einen Kompromiß und tragen so dazu bei, das heutige System der Ausbeutung und Gewalt aufrechtzuerhalten.

Will man die Wahrheit entdecken, so muß man sicherlich frei

von Streit, sowohl in seinem eigenen Innern wie auch mit seinen Nachbarn, sein. Sind wir mit uns selber nicht in Konflikt, so sind wir es auch nicht nach außen hin. Nur der innere Kampf wird, wenn er sich nach außen projiziert, zum Konflikt der Welt. Krieg ist die dramatische und blutige Projektion unseres täglichen Lebens. Aus unserem täglichen Leben erzeugen wir Krieg; und ohne eine Umwandlung in unserm Innern müssen die nationalen und Rassenfeindschaften, der kindische Zank um Ideologien, eine vermehrte Anzahl Soldaten, das Salutieren der Fahnen und all die vielen Rohheiten, die zu organisiertem Totschlag beitragen, bestehen bleiben.

In der ganzen Welt hat die Erziehung versagt, sie hat nichts als wachsende Vernichtung und Elend gebracht. Regierungen erziehen die Jugend zu tüchtigen Soldaten und Technikern, die sie brauchen; Zwang und Vorurteil werden ausgebildet und auferlegt. Angesichts dieser Tatsachen müssen wir die Bedeutung des Lebens und den Sinn und Zweck unseres Daseins zu erforschen suchen. Wir müssen herausfinden, in welch nutzbringender Weise wir eine neue Umgebung schaffen können; denn die Umgebung kann aus dem Kinde einen Rohling, einen gefühllosen Spezialisten machen oder ihm helfen, ein empfindsames und intelligentes menschliches Wesen zu werden. Wir müssen eine Weltregierung schaffen, die grundlegend anders ist — nicht auf Nationalismus, auf Ideologien oder Gewalt begründet.

Dies alles schließt das Verständnis unserer Verantwortung in unseren Beziehungen zueinander ein; um aber diese Verantwortung zu erfassen, müssen wir in unserem Herzen Liebe und nicht nur Wissen oder Gelehrsamkeit tragen. Je größer unsere Liebe, desto stärker wird ihr Einfluß auf die Gesellschaft sein. Doch wir sind ganz Hirn und ohne Herz; wir bilden unsern

Verstand aus und verachten die Demut. Wenn wir unsere Kinder wirklich liebten, würden wir sie retten und schützen wollen und sie nicht sich in Kriegen aufopfern lassen.

Ich glaube, wir brauchen im Grunde Waffen; wir lieben das Schauspiel militärischer Macht, wir lieben Uniformen und Bräuche, Getränke, Lärm und Zwang. Unser tägliches Leben ist im Kleinen ein Widerschein derselben rohen Oberflächlichkeit, und wir zerstören einander mit Neid und Gedankenlosigkeit. Wir wollen reich sein; aber je reicher wir werden, desto unbarmherziger werden wir auch, selbst wenn wir große Summen der Wohlfahrt und der Erziehung zuwenden. Wenn wir das Opfer beraubt haben, geben wir ihm einen kleinen Teil der Beute zurück und nennen das Menschenliebe. Ich glaube nicht, daß wir erkennen, welchen Katastrophen wir entgegengehen. Die meisten Menschen leben jeden Tag so schnell und gedankenlos wie möglich dahin und überlassen der Regierung und schlauen Politikern die Leitung ihres Lebens.

Jede souveräne Regierung muß zum Kriege vorbereiten. Sie muß ganz offenbar ihre Bürger kontrollieren und beherrschen, um sie kriegstüchtig zu machen und sie auf ihre Pflichten wirkungsvoll vorzubereiten. Sie müssen dazu erzogen werden, wie Maschinen zu funktionieren und unbarmherzig tüchtig zu sein. Wenn es Zweck und Ziel unseres Lebens ist, zu zerstören und zerstört zu werden, dann m u ß die Erziehung Grausamkeit anfachen; und ich bin noch nicht einmal sicher, daß wir nicht gerade dies zu innerst anstreben, denn Grausamkeit begleitet die Verehrung von Erfolg.

Ein souveräner Staat will seine Bürger nicht frei machen oder selbständig denken lassen, und er beherrscht sie mit seiner Propaganda, wie etwa verzerrten historischen Erklärungen und so weiter. Daher wird die Erziehung immer mehr zum Mittel eines Unterrichts, der lehrt, w a s man, anstatt w i e man denken solle. Wäre unser Denken unabhängig von dem bestehenden politischen System, so wären wir gefährlich; freie Institute könnten Pazifisten hervorbringen oder Menschen, die entgegengesetzt der herrschenden Regierungsform dächten. Richtige Erziehung ist offenbar eine Gefahr für unumschränkte Regierungen — und daher sucht man, sie mit groben oder feinen Mitteln zu verhindern. Erziehung und Nahrungsmittel in Händen einiger weniger sind zum Mittel geworden, die Menschheit zu beherrschen; und Regierungen der Linken oder der Rechten bleiben gleichgültig, solange wir tüchtige Maschinen sind, welche Waren und Geschosse erzeugen.

Die Tatsache dieses Geschehens in der ganzen Welt bedeutet aber, daß wir als Bürger und Erzieher und in unserer Verantwortung für die bestehenden Regierungen im Grunde nicht darum besorgt sind, ob die Menschheit in Freiheit oder Sklaverei, in Krieg oder Frieden, in Wohlfahrt oder Elend besteht. Wir wollen nur eine kleine Reform hier und da; die meisten Menschen fürchten sich davor, die heutige Gesellschaft umzustürzen und ein vollkommen neues Gefüge zu errichten, denn dies würde eine grundlegende Umwandlung ihrer selbst notwendig machen.

Auf der anderen Seite stehen diejenigen, die eine gewaltsame Revolution herbeizuführen suchen. Nachdem sie geholfen haben, die heutige Gesellschaftsordnung mit all ihren Konflikten, ihrer Verwirrung und Not aufzubauen, wollen sie jetzt eine neue, vollendete Gesellschaftsform organisieren. Kann aber irgendeiner von uns, der die gegenwärtige Gesellschaft mitgeschaffen hat, eine vollendete Gesellschaftsform organisieren? Glaubt man, daß Frieden durch Gewalt zu erreichen sei, so opfert man die Gegenwart einem künftigen Ideale auf; und dies Suchen mit falschen Mitteln nach einem richtigen Ziel ist eine der Ursachen für alles Unheil heute. Die Ausdehnung und Vorherrschaft sinnlicher Werte erzeugt notgedrungen das Gift des Nationalismus, der wirtschaftlichen Grenzen, der unumschränkten Regierungen und der vaterländischen Gesinnung; und diese alle schließen die Zusammenarbeit zwischen den Menschen aus und verderben menschliche Beziehungen — nämlich die Gesellschaft. Gesellschaft ist die Beziehung zwischen dir und einem andern; und ohne tiefgehendes Verständnis für diese Beziehung — nicht auf einer Ebene allein, sondern als Gesamtvorgang zusammengeschlossen — müssen wir unweigerlich wieder ein ebensolches Gesellschaftsgefüge schaffen, wie oberflächlich es auch geändert sein mag.

Wenn wir unsere gegenwärtigen menschlichen Beziehungen, die unsagbares Elend über die Welt gebracht haben, von Grund auf ändern wollen, ist es unsere einzige und unmittelbare Aufgabe, uns selber durch Selbsterkenntnis umzuwandeln. So kommen wir also zu dem Kernpunkt zurück: zu uns selbst; aber wir weichen diesem Punkte aus und schieben die Verantwortung den Regierungen, Religionen und Ideologien zu. Unsere Regierung ist das, was w i r sind, Religionen und Ideologien sind nichts als unsere eigenen Erfindungen; und ehe w i r uns nicht grundlegend ändern, wird es weder rechte Erziehung noch eine friedfertige Welt geben.

Äußere Sicherheit für alle kann nur kommen, wenn Liebe und Einsicht herrschen; ist aber die Tatsache, daß wir eine Welt voller Konflikt und Elend geschaffen haben, in der äußere Sicherheit für jeden immer schneller unmöglich wird, nicht ein Anzeichen für die völlige Nutzlosigkeit vergangener und gegenwärtiger Erziehung? Als Eltern und Erzieher ist es unsere deutliche Pflicht, die traditionelle Denkweise zu durchbrechen und uns nicht nur auf Fachkundige und ihre Ergebnisse zu verlassen. Tüchtigkeit auf technischem Gebiet hat uns eine gewisse Fähigkeit zum Geldverdienen verliehen, und daher sind die meisten Menschen mit dem heutigen Gesellschaftsgefüge zufrieden; aber ein wahrer Erzieher befaßt sich nur mit der rechten Lebensweise, der rechten Erziehung und den rechten Mitteln zum Lebensunterhalt.

Je unverantwortlicher wir in diesen Dingen handeln, desto mehr Verantwortung übernimmt der Staat. Wir stehen heute keiner politischen oder wirtschaftlichen Krise gegenüber, sondern einer Krise menschlicher Entartung, die keine politische Partei und kein wirtschaftliches System abwehren kann. Ein neues und größeres Unheil kommt uns gefährlich nahe, aber die meisten Menschen unternehmen absolut nichts dagegen. Wir leben Tag für Tag in gleicher Weise weiter; wir wollen unsere falschen Werte nicht abstreifen und neu beginnen. Wir wollen Reform als Flickwerk betreiben, was nur zum Problem neuer Reformen führt. Doch das Bauwerk bröckelt, die Mauern geben nach, und Feuer ist dabei, alles zu zerstören. Wir müssen das Gebäude verlassen und auf neuem Boden beginnen, mit anderen Fundamenten und anderen Werten.

Wir können technisches Wissen nicht abwerfen, aber wir können innerlich unsere Häßlichkeit und Grausamkeit, unsere Täuschungen und unsere Unehrlichkeit sowie den völligen Mangel an Liebe wahrnehmen. Nur wenn wir uns selbst auf intelligente Weise von nationaler Gesinnung, von Neid und vom Durst nach Macht befreien, kann eine neue Gesellschaftsordnung entstehen. Frieden läßt sich nicht durch Flickwerkreform noch durch Umordnung alter Ideen oder Aberglauben erreichen. Frieden kann nur kommen, wenn wir verstehen, was jenseits des Oberflächlichen liegt, und damit die Woge der Zerstörung aufhalten, die durch unsere eigene Angriffslust und Furcht in Bewegung gesetzt worden ist; und nur dann besteht Hoffnung für unsere Kinder und für die Rettung der Welt.

V.

DIE SCHULE

RECHTE ERZIEHUNG IST UM DIE FREIHEIT des Einzelnen besorgt, denn sie allein kann wahre Zusammenarbeit mit dem Ganzen, mit der Masse, zustande bringen; aber diese Freiheit erreicht man nicht durch das Streben nach Selbsterhebung und Erfolg. Freiheit entsteht mit der Selbsterkenntnis, wenn der Sinn über die Hindernisse hinausgeht, die er in seinem Verlangen nach Sicherung selber geschaffen hat. Es ist die Aufgabe der Erziehung, jedem Menschen zu helfen, all diese psychologischen Hindernisse aufzudecken, und ihm nicht nur neue Schablonen für sein Betragen oder neue Denkweisen aufzuerlegen. Ein Aufzwingen kann niemals Intelligenz oder schöpferisches Verständnis erwecken, sondern wird den Menschen nur neu beschränken. Dies trägt sich tatsächlich überall in der Welt zu, und dies ist der Grund, weshalb unsere Probleme fortbestehen und sich nur noch vermehren.

Erst wenn wir anfangen, die tiefe Bedeutung menschlichen Lebens zu verstehen, kann wahre Erziehung einsetzen; zu diesem Zweck muß sich unser Sinn jedoch auf intelligente Weise von dem Verlangen nach Belohnung freimachen, welches Furcht und Fügsamkeit erzeugt. Betrachten wir unsere Kinder als persönliches Eigentum, sind sie für uns nur die

Fortsetzung unseres kleinlichen Ego und die Erfüllung unseres Ehrgeizes, dann schaffen wir eine Umgebung oder ein Gesellschaftsgefüge, in dem die Liebe fehlt und nur das Streben nach selbstsüchtigem Vorteil besteht.

Eine Schule, die im weltlichen Sinne Erfolg hat, ist sehr häufig ein Fehlschlag als erzieherischer Mittelpunkt. Die große, blühende Anstalt, in der Hunderte von Kindern mit allem dazugehörigen Prunk und Erfolg zusammen erzogen werden, kann Bankbeamte, Verkäufer, Industrielle oder Kommissare, oberflächliche Menschen mit technischer Tüchtigkeit in die Welt hinausschicken; doch Hoffnung besteht allein für den einheitlichen Menschen, den nur eine kleine Schule hervorbringen kann. Daher ist es weit wichtiger, Schulen mit einer begrenzten Anzahl Jungen und Mädchen und den rechten Erziehern zu haben, als die neuesten und besten Methoden in großen Instituten anzuwenden.

Unglücklicherweise verwirrt uns oft eine Schwierigkeit: wir glauben, wir sollten in möglichst großem Maßstab arbeiten. Die meisten Menschen lieben große Schulen mit bedeutenden Gebäuden, obwohl sie offensichtlich nicht die rechten erzieherischen Einrichtungen sind, denn wir wollen die Masse, wie wir es nennen, umwandeln und beeinflussen. Wer aber ist die Masse? Ihr und ich. Wir dürfen uns nicht in dem Gedanken verlieren, daß die Masse auch richtig erzogen werden sollte. Besorgtheit um die Masse ist eine Art Flucht vor unmittelbarem Handeln. Rechte Erziehung wird allgemein werden, wenn wir mit dem Unmittelbaren beginnen: wenn wir unserer selbst in Beziehung zu unseren Kindern, unseren Freunden und Nachbarn bewußt werden. Unser Handeln in der Welt, in der wir leben, in der Welt unserer Familie und Freunde, wird sich in seinem Einfluß und seiner Wirkung verbreiten.

Wenn wir aller unserer Beziehungen voll bewußt sind, werden wir anfangen, die Verwirrungen und Begrenzungen in unserem Innern zu entdecken, die uns jetzt verborgen bleiben; und indem wir sie wahrnehmen, werden wir sie verstehen und auflösen können. Ohne solche Wahrnehmung und die Selbsterkenntnis, die sie mit sich bringt, werden alle Reformen in der Erziehung oder auf anderen Gebieten nur zu neuem Widerstand und Elend führen.

Wenn man übermäßig große Institute baut und Lehrer beschäftigt, die sich auf ein System verlassen, anstatt sich wach und aufmerksam in ihrer Beziehung zu jedem einzelnen Schüler zu verhalten, fördert man lediglich das Sammeln von Tatsachen, die Entwicklung von Fähigkeiten und die Gewohnheit, mechanisch einem Schema nach zu denken; doch sicherlich kann nichts von all diesem dem Schüler helfen, zu einem einheitlichen menschlichen Wesen heranzuwachsen. Systeme mögen in der Hand eines aufmerksamen und nachdenklichen Lehrers begrenzten Nutzen haben, aber sie verschaffen keine Einsicht. Und doch ist es seltsam, daß Worte wie ‚System‘ oder ‚Einrichtung‘ uns sehr wichtig geworden sind. Symbole haben den Platz der Wirklichkeit eingenommen, und wir geben uns damit zufrieden; denn die Wirklichkeit ist beunruhigend, während Schatten Trost verleihen.

Nichts von grundlegendem Wert läßt sich durch Massenunterricht erreichen, wohl aber durch sorgfältiges Studium und Verständnis für die Schwierigkeiten, Neigungen und Befähigungen jedes einzelnen Kindes; alle, die dies erkennen und ernsthaft danach verlangen, sich selbst zu begreifen und der Jugend zu helfen, sollten sich zusammentun und eine Schule gründen, die dann wesentliche Bedeutung im Leben des Kindes gewinnen wird, weil sie ihm hilft, einheitlich und intelligent zu werden. Um eine solche Schule zu gründen, braucht man nicht auf die nötigen Geldmittel zu warten. Man kann auch zu Hause ein wahrer Lehrer sein, und den Ernstgesinnten werden sich Gelegenheiten bieten.

Wer seine eigenen Kinder und die Kinder in seiner Nachbarschaft liebt, und es daher aufrichtig meint, wird dafür sorgen, daß die richtige Schule ins Leben gerufen wird — vielleicht irgendwo um die Ecke, oder im eigenen Hause. Dann wird auch das Geld kommen; das ist die geringste Sorge. Eine kleine Schule der rechten Art zu unterhalten, ist natürlich finanziell schwierig; sie kann nur mit Selbstaufopferung gedeihen und nicht mit einem großen Bankkonto. Geld verdirbt den Menschen unweigerlich, außer wenn Liebe und Verständnis herrschen. Hat man aber wirklich eine lohnende Schule, so läßt sich die nötige Hilfe schon finden. Wenn die Liebe zum Kinde besteht wird alles möglich.

Solange die Schule selbst von höchster Bedeutung ist, ist das Kind es nicht. Dem rechten Erzieher ist es um den Einzelnen zu tun, und nicht um die Anzahl seiner Schüler; und ein solcher Erzieher wird entdecken, daß er eine lebendige und bedeutsame Schule hat, die einige Eltern gern unterstützen werden. Doch der Lehrer muß das Feuer der Begeisterung in sich tragen; ist er nur lauwarm, so wird er eine Anstalt wie alle anderen haben.

Wenn Eltern ihre Kinder wirklich lieben, werden sie Gesetze und andere Mittel anwenden, um kleine Schulen mit den rechten Erziehern zu gründen; und sie werden sich nicht durch die Tatsache abschrecken lassen, daß kleine Schulen teuer und die rechten Lehrer schwer zu finden sind. Sie sollten sich indessen darüber klar sein, daß Widerstand von Seiten derer mit Interessenanlagen — der Regierung wie organisierter Religion — unvermeidlich entstehen wird, denn solche Schulen müssen notwendigerweise höchst revolutionär sein. Wahre Revolution ist nicht gewaltsam; sie entsteht durch das Ausbilden von Geschlossenheit und Einsicht bei den Menschen, und diese werden dann durch ihren Lebenswandel langsam eine grundlegende Änderung in der Gesellschaft bewirken.

Es ist indessen unendlich wichtig, daß alle Lehrer in einer solchen Schule freiwillig zusammenkommen, ohne daß sie dazu überredet oder ausgewählt werden; denn nur freiwillige Unabhängigkeit von weltlichen Dingen ist die rechte Grundlage für ein wahres Zentrum der Erziehung. Sollen die Lehrer einander wie auch ihren Schülern helfen, die rechten Werte zu verstehen, so müssen sie ihren täglichen Beziehungen beständig volle Aufmerksamkeit schenken.

Es ist begreiflich, wenn man in der Abgeschiedenheit einer kleinen Schule die Außenwelt mit ihren immer wachsenden Konflikten, ihrer Zerstörung und Not vergißt. Diese Welt ist aber nicht von uns getrennt. Im Gegenteil, sie ist ein Teil von uns, denn wir haben sie zu dem gemacht, was sie ist; wenn daher ein grundlegender Wandel in unserem Gesellschaftsgefüge eintreten soll, ist rechte Erziehung der erste Schritt dazu. Rechte Erziehung allein, und nicht Ideologien, Führer oder wirtschaftliche Revolution, kann eine bleibende Lösung für unsere Probleme und unser Elend bieten; und dies als wahr zu erkennen, ist nicht Sache intellektueller oder gefühlsmäßiger Überredung oder schlauer Beweisführung.

Wenn der Kern der Lehrerschaft in einer Schule der rechten Art hingegeben und voller Leben ist, wird sie auch andere mit denselben Zielen anziehen, und wer nicht interessiert ist, wird sich bald am unrechten Platz finden. Ist das Zentrum zweckerfüllt und lebendig, so wird alles Gleichgültige an der Peripherie welken und abfallen; wenn aber der Mittelpunkt gleichgültig ist, dann wird die ganze Gruppe unsicher und schwach. Das Zentrum darf nicht aus dem Direktor allein bestehen. Begeisterung und Interesse, die von einer Person allein abhängen, müssen dahinschwinden und absterben. Ein solches Interesse ist oberflächlich, flüchtig und wertlos, denn es läßt sich ablenken und ebenso leicht den Launen und Einfällen eines anderen unterwerfen. Ist der Rektor herrschsüchtig, dann kann offensichtlich keine Freiheit und Zusammenarbeit bestehen. Eine starke Persönlichkeit kann zwar eine erstklassige Schule gründen, aber Furcht und Unterwürfigkeit werden sich bald einschleichen, und der Rest der Lehrerschaft ist im allgemeinen dann aus unbedeutenden Menschen zusammengesetzt. Eine solche Gruppe kann Freiheit und Verständnis des Einzelnen nicht fördern. Die Lehrerschaft sollte nicht unter der Herrschaft des Rektors sein, und der Rektor sollte nicht alle Verantwortung allein auf sich nehmen; im Gegenteil, jeder Lehrer sollte sich für das Ganze verantwortlich fühlen. Wenn nur einige wenige sich wirklich interessieren, wird Gleichgültigkeit oder Widerstand der anderen das allgemeine Streben behindern oder lächerlich machen.

Man mag bezweifeln, daß sich eine Schule ohne zentrale Autorität leiten läßt, doch kann man tatsächlich nichts darüber wissen, weil es nie versucht worden ist. In einer Gruppe wahrer Erzieher wird das Autoritätsproblem sicherlich nie auftauchen. Wenn jeder sich bestrebt, frei und intelligent zu sein, ist Zusammenarbeit auf allen Ebenen möglich. All denen, die sich nicht tief und dauernd der Aufgabe wahrer Erziehung zugewandt haben, mag das Fehlen einer Autorität im Mittelpunkt als unpraktische Theorie erscheinen; ist man jedoch vollkommen der rechten Erziehung ergeben, dann braucht man weder angespornt, noch geleitet oder kontrolliert zu werden. Intelligente Lehrer sind beim Anwenden ihrer Fähigkeiten biegsam; sie versuchen zwar, sich selber frei zu machen, halten sich aber an die Regeln und tun, was zum Segen der ganzen Schule notwendig ist. Ernsthaftes Interesse ist der Beginn von Fähigkeit, und beide werden stärker bei der Anwendung.

Wenn man die psychologischen Verwicklungen des Gehorsams nicht versteht, muß der bloße Entschluß, keiner Autorität mehr zu folgen, nur zur Verwirrung führen. Die Verwirrung ist aber nicht der Abwesenheit von Autorität, sondern dem Mangel an tiefem und gegenseitigem Interesse für rechte Erziehung zuzuschreiben. Wenn wirkliches Interesse besteht, wird sich jeder Lehrer beständig den Anforderungen und Bedürfnissen der Schulleitung rücksichtsvoll anpassen. In jeder menschlichen Beziehung sind Reibungen und Mißverständnisse unvermeidlich; sie werden jedoch übertrieben, wenn die verbindende Zuneigung gemeinsamen Interesses fehlt.

In einer Schule der rechten Art muß unbegrenzte Zusammenarbeit zwischen allen Lehrern bestehen. Der gesamte Lehrkörper sollte oft zusammenkommen, um die verschiedenen Probleme der Schule zu besprechen; und wenn man sich einmal über eine bestimmte Handlungsweise geeinigt hat, sollte es offenbar keine Schwierigkeiten bei der Ausführung geben. Hat die Mehrheit eine Entscheidung gefällt ohne die Billigung eines bestimmten Lehrers, so kann der Fall bei der nächsten Zusammenkunft des Lehrkörpers noch einmal besprochen werden.

Kein Lehrer sollte sich vor dem Direktor fürchten, noch sollte sich der Direktor durch ältere Lehrkräfte einschüchtern lassen. Glückliche Eintracht ist nur dann möglich, wenn das Gefühl vollkommener Gleichheit zwischen allen besteht. Es ist wesentlich, in der rechten Schule ein solches Gefühl der Gleichheit zu verbreiten, denn wahre Zusammenarbeit kann nur stattfinden, wenn das Gefühl der Überlegenheit, sowie sein Gegenteil, fehlen. Besteht gegenseitiges Vertrauen, dann wird man sich jeder Schwierigkeit und jedem Mißverständnis zuwenden, anstatt sie nur beiseitezuschieben, und das Vertrauen wird leicht wiederhergestellt.

Wenn die Lehrer ihrer eigenen Berufung und ihres Interesses nicht sicher sind, muß Neid und Feindschaft zwischen ihnen ausbrechen, und sie werden all ihre Energie über unbedeutenden Einzelheiten und verderblichem Zank verzehren; besteht dagegen brennendes Interesse für die rechte Erziehung, dann werden die Aufregungen und oberflächlichen Meinungsverschiedenheiten schnell übergangen werden. Dann nehmen die Einzelheiten, die so ungeheuer erscheinen, ihre normalen Ausmaße an, man erkennt Reibung und persönliche Feindseligkeit als eitel und zerstörend, und alle Gespräche und Diskussionen helfen einem herauszufinden, w a s recht i s t , und nicht, w e r recht h a t.

Schwierigkeiten und Mißverständnisse sollten immer von denen, die für ein gemeinsames Ziel zusammenarbeiten, besprochen werden, denn dies hilft, alle Verwirrung zu klären, die vielleicht in ihrem eigenen Denken besteht. Wenn die Lehrer zweckerfülltes Interesse haben, wird auch Freimütigkeit und Kameradschaft unter ihnen herrschen, und es kann niemals zur Feindseligkeit zwischen ihnen kommen; fehlt aber ein solches Interesse, dann müssen Konflikt und Feindschaft folgen, selbst wenn sie zu gemeinsamem Vorteil äußerlich zusammenarbeiten.

Natürlich kann es noch andere Faktoren geben, die Reibung zwischen den Lehrern verursachen. Vielleicht ist einer der Lehrer überarbeitet, ein anderer hat persönliche oder Familiensorgen, und wieder andere interessieren sich unter Umständen nicht sehr stark für das, was sie tun. Alle diese Probleme können sicherlich in einer Lehrerversammlung gründlich besprochen werden, denn gemeinsames Interesse bewirkt Zusammenarbeit. Ganz offensichtlich läßt sich aber nichts Wesentliches zustandebringen, wenn einige wenige alle Arbeit leisten und die anderen stillsitzen.

Gleichmäßige Arbeitsverteilung gibt allen freie Zeit, und jeder braucht offenbar eine gewisse Muße. Ein überarbeiteter Lehrer wird sich selbst und anderen zum Problem. Wenn die Anspannung zu groß wird, fühlt man sich matt und träge, besonders wenn man etwas tut, was einem nicht sehr liegt. Bei fortgesetzter physischer oder geistiger Betätigung ist keine Erholung möglich; aber die Frage der Muße läßt sich auf freundschaftliche und für alle annehmbare Weise regeln. Jedem einzelnen bedeutet Muße etwas anderes. Wer sich außerordentlich für seine Arbeit interessiert, dem ist die Arbeit selber Muße; denn gerade der Gegenstand seines Interesses, wie etwa das Studium, ist für ihn entspannend. Für andere kann Muße ein Sich-Zurückziehen in die Einsamkeit bedeuten.

Soll der Erzieher auch einige Zeit für sich selber übrigbehalten, so darf er nur soviel Schüler unter seine Obhut nehmen, wie er leicht bewältigen kann. Eine unmittelbare und lebendige Beziehung zwischen Lehrer und Schüler wird fast unmöglich, wenn eine große und schwer zu lenkende Anzahl Schüler auf dem Lehrer lastet. Dies ist wieder ein Grund dafür, daß Schulen klein gehalten werden sollten. Offenbar ist es wichtig, eine recht begrenzte Zahl von Schülern in einem Klassenraum zu haben, so daß der Erzieher jedem einzelnen seine volle Aufmerksamkeit zuwenden kann. Ist die Gruppe zu groß, so kann er es nicht, und dann werden Belohnung und Strafe zu einem Mittel der Bequemlichkeit, um Disziplin zu halten.

Rechte Erziehung ist nicht möglich als Massenbetrieb. Man braucht Geduld, Aufmerksamkeit und Einsicht, wenn man jedes einzelne Kind berücksichtigen will. Die Neigungen und Fähigkeiten, wie die Beschaffenheit eines Kindes zu beobachten, seine Schwierigkeiten zu begreifen, seine Vererbung und den Einfluß seines Elternhauses in Betracht zu ziehen, und es nicht nur in eine bestimmte Kategorie einzureihen — all dies erfordert einen schnellen und beweglichen Geist, der nicht an Systeme oder Vorurteile gefesselt sein darf. Es erfordert Geschicklichkeit, tiefgehendes Interesse und vor allem ein Gefühl der Zuneigung; aber solche Eigenschaften bei dem Erzieher zu entwickeln, ist heutzutage eins unserer Hauptprobleme.

Der Geist individueller Freiheit und Intelligenz sollte die ganze Schule zu allen Zeiten durchdringen. Dies kann man wohl kaum dem Zufall überlassen, und ein unbestimmtes Erwähnen der Begriffe ‚Freiheit' und ‚Einsicht' dann und wann hat sehr wenig Sinn. Es ist besonders wichtig, daß Schüler und Lehrer regelmäßig zusammenkommen, um alle Angelegenheiten, die die Wohlfahrt der ganzen Gruppe betreffen, zu erörtern. Ein Schülerrat, bei dem die Lehrer vertreten sind, sollte gebildet werden; er könnte alle Probleme, wie Disziplin, Sauberkeit, Nahrung und so weiter von allen Seiten besprechen und auch bei der Leitung von Schülern helfen, die sich vielleicht irgendwie gehen lassen und gleichgültig oder widerspenstig sind.

Die Schüler sollten aus ihren Reihen diejenigen auswählen, die für die Ausführung der Beschlüsse und für die Hilfeleistungen bei der allgemeinen Aufsicht verantwortlich sein müssen. Im Grunde ist die Selbstverwaltung in der Schule eine Vorbereitung auf die Selbstverwaltung im späteren Leben. Wenn ein Kind in der Schule lernt, bei jeder Diskussion über seine täglichen Probleme sich rücksichtsvoll, unparteiisch und intelligent zu verhalten, dann wird es später seinen größeren und komplizierteren Lebenserfahrungen wirksam und gelassen begegnen können. Die Schule sollte die Kinder dazu anhalten, gegenseitig ihre Schwierigkeiten und Besonderheiten, ihre Launen und Stimmungen zu begreifen; denn dann werden sie, wenn sie heranwachsen, in ihren Beziehungen zu anderen auch rücksichtsvoller und geduldiger sein.

Dieselbe Gesinnung der Freiheit und Einsicht sollte auch bei der Arbeit des Kindes in Erscheinung treten. Soll der Schüler schöpferisch und nicht nur mechanisch arbeiten, so sollte man ihn nicht ermutigen, Formeln und Schlußfolgerungen hinzunehmen. Selbst beim Studium einer Naturwissenschaft sollte man mit ihm diskutieren und ihm helfen, das Problem in seiner Gesamtheit zu erkennen, sowie seinen eigenen Verstand zu gebrauchen.

Wie aber steht es mit der Lenkung des Kindes? Sollte es überhaupt nicht gelenkt werden? Die Antwort auf diese Frage hängt davon ab, was man unter ‚Lenkung' versteht. Wenn der Lehrer alle Furcht und jedes Verlangen nach Herrschaft aus seinem Herzen verbannt hat, kann er dem Schüler zu schöpferischem Verständnis und zur Freiheit verhelfen; besteht aber bewußt oder unbewußt noch der Wunsch, das Kind an ein bestimmtes Ziel zu führen, dann wird dies offenbar seine Entwicklung hemmen. Lenkung auf ein bestimmtes Ziel hin — sei es selber erschaffen oder von einem anderen auferlegt — beeinträchtigt die schöpferische Kraft.

Beschäftigt der Erzieher sich wirklich mit der individuellen Freiheit und nicht nur mit seinen eigenen Vorurteilen, so wird er dem Kinde helfen, diese Freiheit zu entdecken, indem er es dazu anhält, seine eigene Umgebung, seine Beschaffenheit, seine religiösen und Familientraditionen mit allen Einflüssen und Wirkungen, die sie überhaupt haben könnten, zu verstehen. Wenn im Herzen des Lehrers Liebe und Freiheit wohnen, wird er sich jedem Schüler mit Aufmerksamkeit für seine Bedürfnisse und Schwierigkeiten nähern; und dann wird der Lehrer auch nicht wie eine Maschine sein, die nach Methoden und Formeln arbeitet, sondern ein spontanes menschliches Wesen — stets wach und beobachtend.

Die rechte Erziehung sollte dem Schüler auch helfen herauszufinden, woran er am meisten interessiert ist. Wenn er seine wahre Berufung nicht entdeckt, wird ihm sein ganzes Leben wertlos erscheinen; er wird sich betrogen vorkommen, wenn er etwas tut, was ihm nicht liegt. Will er gern Künstler werden, wird aber statt dessen Buchhalter in einem Büro, so wird er den Rest seines Lebens sich beklagen und leiden. Daher ist es wichtig für jeden einzelnen, festzustellen, was er tun möchte, und dann zu untersuchen, ob es der Mühe wert ist. Ein Junge will vielleicht gern Soldat werden; bevor er aber zum Militär geht, sollte man ihm helfen herauszufinden, ob der militärische Beruf für die gesamte Menschheit nützlich ist. Rechte Erziehung sollte dem Schüler darin beistehen, nicht nur seine Fähigkeiten zu entwickeln, sondern auch seine höchsten Interessen zu erkennen. In einer Welt, die von Kriegen, Zerstörung und Elend zerrissen wird, muß man imstande sein, eine neue Gesellschaftsordnung zu begründen und eine andere Lebensweise einzuführen.

Die Verantwortung für den Aufbau einer friedfertigen und aufgeklärten Gesellschaft liegt hauptsächlich auf dem Erzieher, und es ist klar — ohne daß man sich gefühlsmäßig darüber zu erregen braucht —, daß sich ihm eine sehr große Gelegenheit bietet, bei der Ausführung der gesellschaftlichen Umformung mitzuhelfen. Rechte Erziehung hängt nicht von den Vorschriften einer Regierung oder den Methoden eines bestimmten Systems ab; sie liegt in unseren Händen, in den Händen der Eltern und Erzieher.

Wären Eltern wirklich um ihre Kinder besorgt, so würden sie eine neue Gesellschaft aufbauen; im Grunde kümmert es sie jedoch nicht, und so haben sie keine Zeit für dieses so dringliche Problem. Sie haben Zeit zum Geldverdienen, Zeit für ihre Vergnügen, für heilige Bräuche und Verehrung, nur keine Zeit zu der Überlegung, welches die rechte Erziehung für ihre Kinder sei. Dies ist eine Tatsache, der die meisten Menschen nicht ins Auge sehen wollen. Sich ihr zuzuwenden, könnte zur Folge haben, daß sie ihre Vergnügungen und Zerstreuungen aufgeben müßten, und sicherlich sind sie nicht willens, das zu tun. So schicken sie ihre Kinder fort in eine Schule, wo der Lehrer sich nicht besser um sie kümmert als sie selber. Warum sollte er sich auch kümmern? Unterrichten ist für ihn nur ein Beruf, ein Mittel zum Geldverdienen.

Die Welt, die wir geschaffen haben, ist so oberflächlich, so künstlich und häßlich, wenn man hinter den Vorhang blickt; und wir schmücken nur den Vorhang, in der Hoffnung, daß sich alles noch zum Besten wenden werde. Unglücklicherweise sind die meisten Menschen nicht ernst in bezug auf ihr Leben, außer vielleicht, wenn es sich darum handelt, Geld zu verdienen, Macht zu gewinnen oder geschlechtlichen Vergnügen nachzugehen. Sie wollen sich den anderen Verwicklungen des Lebens nicht zuwenden, und daher sind ihre Kinder, wenn sie aufwachsen, ebenso unreif und unharmonisch wie die Eltern und liegen in beständigem Kampf mit sich selbst und der Welt.

Wir sagen so leichthin, daß wir unsere Kinder lieben; tragen wir aber wirklich Liebe im Herzen, wenn wir die bestehenden

Zustände in unserer Gesellschaft gutheißen und keine grundlegende Umformung dieser zersetzenden Gesellschaft herbeiführen wollen? Und solange wir uns an Spezialisten halten und sie unsere Kinder erziehen lassen, müssen Verwirrung und Elend fortbestehen; denn die Spezialisten sind selber uneinheitlich, weil sie sich nur mit einem Teil und nicht mit dem Ganzen beschäftigen.

Erziehung, anstatt der ehrenvollste und verantwortlichste Beruf zu sein, wird heute geringgeschätzt, und die meisten Erzieher sind an eine Routine gebunden. Sie sind nicht wahrhaft um Einheitlichkeit und Intelligenz besorgt, sondern nur um das Mitteilen von Wissen; und ein Mensch, der lediglich Wissen austeilt, während die Welt um ihn her zusammenbricht, ist kein Erzieher.

Ein Erzieher ist nicht nur jemand, der Wissen weitergibt, sondern jemand, der den Weg zur Weisheit und Wahrheit zeigt. Wahrheit ist viel bedeutsamer als der Lehrer. Das Suchen nach Wahrheit ist Religion, und Wahrheit gehört keinem Lande und keinem Glauben, man findet sie in keinem Tempel, in keiner Kirche oder Moschee. Ohne das Suchen nach Wahrheit verfällt die Gesellschaft schnell. Um aber eine neue Gesellschaft zu bilden, muß jeder von uns ein wahrer Lehrer sein, und das bedeutet, daß wir sowohl Schüler wie Meister werden müssen; wir haben uns selber zu erziehen.

Wenn eine neue Gesellschaftsordnung gegründet werden soll, können diejenigen, die nur unterrichten, um ein Gehalt zu verdienen, offenbar keinen Platz als Lehrer finden. Betrachtet man Erziehung nur als Mittel zum Lebensunterhalt, so beutet man die Kinder zu seinem eigenen Nutzen aus. In einer aufgeklärten Gesellschaft werden Lehrer um ihre eigene

Wohlfahrt nicht besorgt zu sein brauchen: die Gemeinde wird für ihre Bedürfnisse sorgen.

Ein wahrer Lehrer ist nicht jemand, der eine eindrucksvolle erzieherische Organisation aufgebaut hat, noch jemand, der ein Werkzeug der Politiker ist oder sich an ein Ideal, einen Glauben oder sein Vaterland bindet. Ein wahrer Lehrer ist innerlich reich und verlangt daher nichts für sich selber; er ist nicht ehrgeizig und sucht auf keine Weise nach Macht; er benutzt den Unterricht nicht als Mittel, Stellung oder Autorität zu erlangen, und ist daher frei vom Zwang der Gesellschaft und von Regierungskontrolle. Solche Lehrer nehmen den ersten Platz in einer aufgeklärten Gesellschaft ein, denn wahre Kultur gründet sich nicht auf Ingenieure und Techniker, sondern auf die Erzieher.

VI.

ELTERN UND LEHRER

RECHTE ERZIEHUNG BEGINNT MIT DEM ERzieher, der sich selbst begreifen und von schematischem Denken befreien muß; denn was er ist, überträgt er auf andere. Ist er selber nicht richtig ausgebildet, was kann er dann anderes lehren als dasselbe mechanische Wissen, mit dem er aufgezogen worden ist? Das Problem ist also nicht das Kind, sondern Eltern und Lehrer; das Problem heißt: den Erzieher zu erziehen.

Wenn wir, die Erzieher, uns selbst nicht verstehen, wenn wir unsere Beziehung zu dem Kinde nicht erfassen, sondern es nur mit Wissen anfüllen und Prüfungen bestehen lassen, wie können wir dann überhaupt eine neue Art der Erziehung einführen? Der Schüler ist da, damit man ihn leite und ihm helfe; ist aber der Leiter und Helfer selber verwirrt und beschränkt, national gesinnt und von Theorien beherrscht, dann ist sein Schüler natürlich ebenso wie er, und die Erziehung wird zur Quelle neuer Verwirrung und neuen Streites. Wenn wir dies als wahr erkennen, werden wir auch begreifen, wie wichtig es ist, daß wir anfangen, uns selbst richtig zu erziehen. Es ist viel nötiger, sich um die eigene Neuerziehung zu kümmern, als sich um die künftige Wohlfahrt und Sicherheit des Kindes zu sorgen.

Den Erzieher zu erziehen — das heißt, ihn zum Verständnis seiner selbst zu bringen — ist ein sehr schwieriges Unternehmen, denn die meisten Menschen sind schon in einem Denksystem oder Handlungsschema erstarrt; wir haben uns bereits völlig einer Ideologie, einer Religion oder einer bestimmten festen Richtschnur für unser Verhalten hingegeben. Aus diesem Grunde bringen wir dem Kinde bei, w a s es denken, anstatt w i e es denken solle. Überdies sind Eltern und Lehrer zum größten Teil mit ihren eigenen Konflikten und Leiden beschäftigt. Reich oder arm, die meisten Eltern sind von ihren eigenen Sorgen und Anfechtungen erfüllt. Die heutige gesellschaftliche und moralische Entartung beunruhigt sie nicht ernstlich, sie tragen nur das Verlangen, ihre Kinder so auszustatten, daß sie in dieser Welt fortkommen können. Sie sind ängstlich um die Zukunft ihrer Kinder besorgt und eifrig darum bemüht, sie so erziehen zu lassen, daß sie sichere Stellungen bekommen oder sich gut verheiraten können.

Im Gegensatz zu der allgemeinen Annahme lieben die meisten Eltern ihre Kinder nicht, obgleich sie es beteuern. Wenn Eltern ihre Kinder wirklich liebten, würden sie nicht den Nachdruck auf ihre Familie und Nation im Gegensatz zu dem Ganzen legen, denn dies schafft gesellschaftliche und Rassenunterschiede zwischen den Menschen und führt schließlich zu Krieg und Hungersnot. Es ist wirklich erstaunenswert, daß Menschen, deren Schulung für ihre Berufe als Anwälte oder Ärzte so streng ist, Eltern werden können, ohne die geringste Ausbildung zu erhalten, welche sie für diese höchst wichtige Aufgabe tauglich macht. Sehr oft unterstützt eine Familie mit ihrer Neigung zur Absonderung die allgemeine Isolierung und wird dadurch zu einem zersetzenden Element in der Gesellschaft. Nur wenn Liebe und Verständnis herrschen, werden die Trennungsmauern niedergerissen, und dann ist die Familie kein geschlossener Kreis mehr, noch ist sie Gefängnis oder Zuflucht; dann stehen die Eltern nicht nur in Fühlung mit ihren Kindern, sondern auch mit ihren Nachbarn.

Viele Eltern, die so ganz in ihren eigenen Problemen aufgehen, schieben dem Lehrer die Verantwortung für das Wohlsein ihrer Kinder zu; dann wird es wichtig, daß der Erzieher auch bei der Erziehung der Eltern hilft. Er muß mit ihnen sprechen und ihnen erklären, daß der verworrene Zustand der Welt ihre eigene Verwirrung widerspiegelt. Er muß ihnen auseinandersetzen, daß wissenschaftlicher Fortschritt an sich keinen grundlegenden Wandel der bestehenden Werte herbeiführen kann; daß technischer Unterricht, den man heute Erziehung nennt, dem Menschen weder Freiheit noch Glück gebracht hat; und daß es der Intelligenz des Schülers nicht förderlich ist, wenn man ihn bedingt, seine gegenwärtige Umgebung gutzuheißen. Er muß ihnen mitteilen, was er für ihr Kind zu tun trachtet und wie er darangeht. Er muß das Vertrauen der Eltern erwecken, aber nicht dadurch, daß er die Autorität des Spezialisten annimmt, der es mit unwissenden Laien zu tun hat, sondern indem er mit ihnen des Kindes Beschaffenheit, seine Schwierigkeiten, Befähigungen und so weiter bespricht.

Nimmt der Lehrer wahres Interesse an dem Kinde als Einzelwesen, dann werden die Eltern Vertrauen zu ihm haben. Bei diesem Vorgang erzieht der Lehrer die Eltern ebenso wie sich selbst, während er seinerseits von ihnen lernt. Rechte Erziehung ist eine wechselseitige Aufgabe, welche Geduld, Rücksicht und Zuneigung verlangt. Aufgeklärte Lehrer in einer aufgeklärten Gemeinschaft könnten dieses Problem der Kindererziehung ausarbeiten, und Versuche in dieser Richtung sollten in kleinem Maßstabe von interessierten Lehrern und klugen Eltern gemacht werden.

Fragen sich Eltern je, wozu sie Kinder haben? Sind Kinder dazu da, um ihren Namen fortzupflanzen oder ihren Besitz weiterzuerhalten? Wollen sie Kinder nur zu ihrer Freude haben und um ihre eigenen Gemütsbedürfnisse zu befriedigen? Wenn ja, dann werden Kinder zur bloßen Projektion der Wünsche und Ängste ihrer Eltern. Können Eltern Anspruch auf Liebe zu ihren Kindern erheben, wenn sie durch falsche Erziehung Neid, Feindseligkeit und Ehrgeiz nähren? Ist es Liebe, die die Menschen im Namen von Religionen oder Ideologien gegeneinander hetzt, die nationale und Rassenfeindschaften anregt, welche zu Krieg, Zerstörung und völligem Elend führen?

Viele Eltern fördern die Entstehung von Konflikt und Leid in ihrem Kinde nicht nur dadurch, daß sie es einer falschen Erziehung unterwerfen, sondern auch durch die Art, wie sie ihr eigenes Leben führen; und dann, wenn das Kind aufwächst und leidet, beten sie für es oder suchen, sein Betragen zu rechtfertigen. Das Leiden der Eltern um ihre Kinder ist eine Form besitzsüchtigen Selbstmitleids und tritt nur da zutage, wo keine Liebe herrscht.

Wenn Eltern ihre Kinder lieben, können sie weder national gesinnt sein, noch sich mit einem Lande identifizieren; denn die Verehrung des Staates führt zum Krieg, und ihre Söhne werden getötet oder verstümmelt. Wenn Eltern ihre Kinder lieben, werden sie ihr Verhältnis zum Besitz untersuchen, denn unsere Besitzsucht hat dem Eigentum eine ungeheure und falsche Bedeutung beigelegt, welche die Welt zerstört. Wenn Eltern ihre Kinder lieben, können sie keiner organisierten Religion angehören; denn Dogma und Glauben teilen die

Menschen in Gruppen, die miteinander streiten und Feindschaft erzeugen. Wenn Eltern ihre Kinder lieben, werden sie Neid und Zank verbannen und sich anschicken, unser heutiges Gesellschaftsgefüge von Grund auf zu ändern.

Solange wir danach streben, unsere Kinder einflußreich zu machen, ihnen größere und bessere Stellungen zu verschaffen, sie immer erfolgreicher zu sehen, tragen wir keine Liebe im Herzen; denn Verehrung von Erfolg fördert Konflikt und Elend. Seine Kinder zu lieben, bedeutet, in vollkommen harmonischer Verbindung mit ihnen zu stehen; es bedeutet, dafür zu sorgen, daß sie die rechte Erziehung erhalten, die ihnen helfen soll, empfindsam, intelligent und einheitlich zu werden.

Die erste Frage, die ein Lehrer sich vorlegen muß, wenn er sich zum Unterrichten entschließt, ist die, was er eigentlich unter Lehren versteht. Will er die üblichen Fächer in gewohnter Weise unterrichten? Will er das Kind so bedingen, daß es zu einem Rad in der Maschine unserer Gesellschaft wird, oder ihm helfen, ein einheitliches menschliches Wesen zu werden, das alle falschen Werte bedroht? Und soll der Erzieher dem Schüler helfen, Werte und Einflüsse, die ihn umgeben und deren Teil er ist, zu untersuchen und zu begreifen, muß er dann nicht selbst ihrer bewußt sein? Wie kann er, wenn er selbst blind ist, jemandem helfen, das andere Ufer zu erreichen?

Sicherlich muß zuerst der Lehrer selbst anfangen zu erkennen. Er muß beständig wachsam sein, muß sich deutlich seiner eigenen Gedanken und Gefühle bewußt werden, muß die Art und Weise seiner eigenen Begrenzung, wie auch seine eigenen Handlungen und Reaktionen wahrnehmen können; denn solcher Aufmerksamkeit entspringt die Einsicht, und mit ihr kommt eine grundlegende Umwandlung der Beziehungen zu Menschen und Dingen.

Einsicht hat nichts mit dem Bestehen von Prüfungen zu tun, Einsicht ist spontane Wahrnehmung, die den Menschen frei und stark macht. Um im Kinde Einsicht zu erwecken, müssen wir anfangen, selber zu begreifen, was Einsicht ist; denn wie können wir von dem Kinde Einsicht verlangen, wenn wir selber in so vielen Dingen einsichtslos bleiben? Das Problem liegt nicht nur in den Schwierigkeiten des Schülers, sondern auch in unsern eigenen: den angesammelten Ängsten, unglücklichen Gefühlen und Hemmungen, von denen wir nicht frei wurden. Um dem Kinde zur Einsicht zu verhelfen, müssen wir in unserm Innern alle Hindernisse niederreißen, die uns stumpf und gedankenlos machen.

Wie können wir Kindern beibringen, nicht nach persönlicher Sicherheit zu streben, wenn wir es selber tun? Welche Hoffnung besteht für ein Kind, wenn wir, die Eltern und Lehrer, schützende Mauern um uns her errichten, um nur nicht durch das Leben verwundet zu werden? Um die wahre Bedeutung dieses Kampfes nach Sicherheit zu finden, der ein solches Chaos in der Welt erzeugt, müssen wir anfangen, bei uns selber Einsicht zu erwecken, indem wir unserer psychologischen Vorgänge bewußt werden; wir müssen beginnen, alle Werte in unserer gegenwärtigen Umgebung in Zweifel zu ziehen. Wir sollten uns nicht gedankenlos immer weiter in die Schablone, in der wir zufällig erzogen worden sind, einfügen. Wie kann je Harmonie im einzelnen und damit in der Gesellschaft herrschen, wenn wir uns selbst nicht verstehen? Ohne daß der Erzieher sich selbst begreift, ohne daß er seine eigenen bedingten Reaktionen wahrnimmt und anfängt, sich von bestehenden Werten frei zu machen, kann er unmöglich im Kinde Einsicht erwecken. Und wenn er keine Einsicht im Kinde erwecken kann, welche Aufgabe hat er dann?

Nur durch Verständnis für die Wege unseres Denkens und Fühlens können wir dem Kinde wahrhaft helfen, ein freies menschliches Wesen zu werden; und wenn der Erzieher wesentlich hierum besorgt ist, wird er nicht nur des Kindes, sondern auch seiner selbst in lebendiger Weise bewußt werden. Nur sehr wenige Menschen beobachten ihre eigenen Gedanken und Gefühle. Wenn diese offensichtlich häßlich sind, wollen wir ihre volle Bedeutung nicht erfassen, sondern versuchen, sie in Schach zu halten oder beiseite zu schieben. Wir sind unserer selbst nicht eindringlich bewußt; unsere Gedanken und Gefühle wiederholen sich gleichmäßig und werden automatisch. Wir lernen ein paar Fächer, sammeln ein paar Kenntnisse und trachten, dies dann unseren Kindern weiterzugeben.

Ist unser Interesse jedoch sehr lebhaft, dann werden wir nicht nur zu erfahren suchen, welche Experimente in verschiedenen Teilen der Welt mit der Erziehung gemacht werden, sondern auch uns selber ganz klar über unseren eigenen Zugang zu diesem Problem sein wollen; wir werden uns fragen, warum und zu welchem Zweck wir unsere Kinder und uns selber erziehen; wir werden die Bedeutung unseres Daseins und die Beziehung des Einzelnen zur Gesellschaft untersuchen wollen, und so weiter. Sicherlich müssen sich Erzieher dieser Probleme bewußt werden und versuchen, dem Kinde beim Herausfinden der Wahrheit beizustehen, ohne daß sie ihre eigenen Idiosynkrasien und Denkgewohnheiten auf es übertragen.

Das bloße Befolgen eines politischen oder erzieherischen Systems kann unsere vielen sozialen Probleme nicht lösen; und es ist sehr viel wichtiger, die Art unserer Annäherung an jedes Problem zu begreifen, als das Problem selber zu erfassen.

Sollen Kinder frei von Furcht werden — sei es vor ihren Eltern, vor der Umgebung oder vor Gott — so darf der Erzieher selber keine Furcht haben. Hier aber liegt die Schwierigkeit: Lehrer zu finden, die nicht irgendeiner Form der Furcht zum Opfer gefallen sind. Angst engt das Denken ein und begrenzt die Initiative, und ein furchtsamer Lehrer kann offensichtlich nicht die tiefe Bedeutung der Furchtlosigkeit übermitteln. Wie die Güte, so ist auch die Furcht ansteckend. Ist der Erzieher heimlich angstvoll, so wird er diese Angst seinen Schülern weitergeben, obgleich die Ansteckung nicht unmittelbar sichtbar sein mag.

Man nehme als Beispiel einen Lehrer, der sich vor der öffentlichen Meinung fürchtet; er erkennt die Sinnwidrigkeit dieser Angst und kann doch nicht über sie hinausgehen. Was soll er machen? Wenigstens kann er es vor sich selbst zugeben, und er kann seinen Schülern helfen, Furcht zu begreifen, indem er seine eigene psychologische Reaktion vorbringt und sie offen mit ihnen bespricht. Eine solche ehrliche und aufrichtige Annäherungsweise wird die Schüler sehr ermutigen, ebenso offen und klar mit sich selber und ihrem Lehrer zu sein.

Um dem Kinde Freiheit zu gewähren, muß der Lehrer die Verwicklungen und die volle Bedeutung der Freiheit kennen. Vorbild und Zwang in irgendeiner Form helfen nicht, Freiheit herbeizuführen; doch nur in Freiheit kann Selbstenthüllung und Einsicht entstehen. Das Kind wird von den Menschen und Dingen seiner Umgebung beeinflußt, und der rechte Lehrer sollte ihm darin beistehen, die wahren Werte dieser Einflüsse aufzudecken. Wahre Werte kann man nicht durch die Autorität der Gesellschaft oder der Tradition finden; nur die Nachdenklichkeit des Einzelnen kann sie offenbaren.

Wenn man dies wirklich tief versteht, wird man den Schüler vom ersten Anfang dazu anhalten, Einsicht in die bestehenden individuellen und gesellschaftlichen Werte zu gewinnen. Man wird ihn nicht ermutigen, bestimmte Werte, sondern den wahren Wert aller Dinge ausfindig zu machen. Man wird ihm dazu verhelfen, furchtlos zu werden, das heißt frei von allem Zwang seitens des Lehrers, der Familie oder der Gesellschaft, so daß er sich als Einzelwesen in Liebe und Güte entfalten kann. Wenn der Lehrer auf diese Weise dem Schüler zur Freiheit verhilft, ändert er ebenfalls seine eigenen Werte; auch er wird langsam frei vom ‚Ich‘ und ‚Mein‘ werden, auch er wird sich in Liebe und Güte entfalten. Ein solcher Vorgang der gegenseitigen Erziehung schafft eine vollkommen andere Beziehung zwischen Lehrer und Schüler.

Herrschaft oder Zwang in irgendeiner Form ist ein direktes Hindernis für Freiheit und Einsicht. Der rechte Erzieher hat weder Autorität noch Macht in der Gesellschaft; er ist jenseits ihrer Verordnungen und Gesetze. Wenn wir dem Schüler helfen sollen, frei zu werden von den Hindernissen, die er selbst oder seine Umgebung für ihn geschaffen hat, müssen wir alle Formen von Zwang und Herrschsucht begreifen und beiseitesetzen; dies kann aber nur geschehen, wenn der Erzieher auch sich selber von aller lähmenden Autorität befreit.

Folgt man einem andern, und sei er auch noch so groß, so ist dies der Entdeckung des eigenen Ich im Wege; dem Versprechen einer fertigen Utopie nachzulaufen, läßt den Verstand vollkommen in Unkenntnis über die beengenden Handlungen seines eigenen Verlangens nach Behagen, Autorität und Hilfe. Der Geistliche, der Politiker, der Anwalt, der Soldat — sie alle sind dazu da, uns zu ‚helfen‘; aber jede derartige Hilfe zerstört Intelligenz und Freiheit. Die Hilfe, die wir brauchen, liegt nicht außerhalb. Wir brauchen nicht um Beistand zu bitten; er kommt, ohne daß wir ihn suchen, wenn wir demütig unserer Arbeit ergeben sind, und wenn wir uns dem Verständnis für die Anfechtungen und Zufälle unseres täglichen Lebens öffnen.

Man muß das bewußte oder unbewußte Streben nach Unterstützung und Ermutigung vermeiden, denn dieses Streben schafft seine eigene Reaktion, die stets erfreulich ausfällt. Es ist ein Trost, jemanden zu haben, der uns ermutigt, der uns leitet und besänftigt; aber diese Gewohnheit, sich an einen anderen als Führer oder Autorität zu wenden, wird bald zu einem Gift in uns. Im Augenblick, da wir uns auf die Leitung eines andern verlassen, vergessen wir unsere urspüngliche Absicht, nämlich Freiheit und Einsicht im Menschen zu erwecken. Jede Autorität ist ein Hindernis, und es ist sehr wichtig, daß der Erzieher nicht zur Autorität für seinen Schüler werde. Das Errichten von Autorität ist ein bewußter, wie auch ein unbewußter Vorgang. Der Schüler ist unsicher, tastend, aber der Lehrer ist sicher in seinem Wissen und stark in seiner Erfahrung. Kraft und Sicherheit des Lehrers verleihen dem Schüler Zuversicht, und er neigt dazu, sich darin zu sonnen, aber seine Zuversicht ist weder bleibend noch wahr. Ein Lehrer, der die Abhängigkeit bewußt oder unbewußt unterstützt, kann nie zu einer großen Hilfe für seine Schüler werden. Er kann sie mit seinem Wissen überschütten, mit seiner Persönlichkeit blenden, aber er ist kein wahrer Erzieher, denn Wissen und Erfahrung sind seine Schwäche, seine Form der Sicherheit und sein Gefängnis; ehe er selber nicht von diesen Eigenschaften frei wird, kann er seinen Schülern nicht dazu verhelfen, einheitliche menschliche Wesen zu werden.

Um ein wahrer Erzieher zu sein, muß sich der Lehrer beständig von Büchern und Laboratorien frei halten; er muß unentwegt achtgeben, daß die Schüler ihn nicht zu einem Vorbild, einem Ideal oder einer Autorität erheben. Wenn ein

Lehrer danach strebt, sich selbst in seinen Schülern zu erfüllen, wenn er ihren Erfolg zu dem seinen macht, dann ist sein Unterricht eine Art Selbst-Fortdauer, und dies ist der Selbsterkenntnis und der Freiheit schädlich. Ein rechter Erzieher muß sich all dieser Hindernisse bewußt sein, um seinen Schülern helfen zu können, sich nicht nur von seiner Autorität, sondern auch von ihren eigenen selbst-einengenden Bestrebungen zu befreien.

Wenn es um das Erfassen eines Problems geht, werden die meisten Lehrer ihre Schüler unglücklicherweise nicht als gleichgestellt behandeln; aus ihrer überlegenen Stellung geben sie dem Schüler, der weit unter ihnen steht, Anweisungen. Ein derartiges Verhältnis bestärkt nur die Furcht, sowohl im Lehrer wie im Schüler. Was erzeugt aber eine so ungleiche Beziehung? Hat der Lehrer Angst davor, durchschaut zu werden? Hält er sich in würdigem Abstand, um seine Empfindlichkeit zu schützen und seine Bedeutung zu wahren? Überlegen Abstand zu halten, hilft in keiner Weise, die Schranken niederzureißen, die die Menschen trennen. Schließlich helfen der Erzieher und sein Schüler einander, sich zu erziehen. Jede Beziehung sollte zur wechselseitigen Erziehung werden; und da die schützende Isolierung, welche durch Wissen, Erfolg und Ehrgeiz entsteht, nur Neid und Feindseligkeit nährt, muß der rechte Erzieher diese Mauern, mit denen er sich umgibt, übersteigen.

Weiht sich der rechte Erzieher ausschließlich der Freiheit und Einheitlichkeit des Individuums, so ist er tief und wahrhaft religiös. Er gehört keiner Sekte und keiner organisierten Religion an; er ist frei von Glauben und heiligen Bräuchen, denn er weiß, daß sie nichts als Illusionen, Phantasien oder Aberglauben sind und der Sehnsucht derjenigen entstammen, die sie geschaffen haben. Er weiß, daß Wirklichkeit oder Gott nur dann ins Dasein treten, wenn Selbsterkenntnis und damit Freiheit besteht. Menschen, die keinen akademischen Rang besitzen, geben oft die besten Lehrer ab, weil sie bereitwillig experimentieren werden; da sie keine Spezialisten sind, haben sie Interesse fürs Lernen und für das Verständnis des Lebens. Für den wahren Lehrer ist Unterrichten keine Technik, sondern eine Lebensweise; wie ein großer Künstler würde er lieber Hungers sterben als seine schöpferische Arbeit aufgeben. Wenn man kein solches brennendes Verlangen zu unterrichten hat, sollte man nicht Lehrer werden. Es ist von allergrößter Wichtigkeit, selber herauszufinden, ob man diese Gabe hat, oder ob man sich nur zum Unterrichten treiben läßt, weil es ein Mittel zum Erwerb des Lebensunterhaltes ist.

Solange das Lehren nur ein Beruf, ein Mittel zum Lebensunterhalt, nicht aber eine geweihte Berufung ist, muß sich notwendigerweise eine weite Kluft zwischen der Welt und uns selber auftun: unser häusliches Leben bleibt von unserer Arbeit getrennt und abgesondert. Solange die Erziehung nur ein Beruf wie alle andern ist, sind Konflikt und Feindschaft zwischen einzelnen Menschen sowie zwischen den verschiedenen Klassen der Gesellschaft unvermeidlich; und damit wird wachsender Wettbewerb, unbarmherziges Streben des persönlichen Ehrgeizes und das Errichten nationaler und Rassenunterschiede zunehmen, was Widerstreit und endlose Kriege zur Folge hat.

Haben wir uns dagegen der rechten Erziehung ganz hingegeben, so schaffen wir keine Schranken zwischen unserem häuslichen Leben und dem Leben in der Schule, denn wir sind überall um Freiheit und Einsicht bemüht. Wir schenken den Kindern der Reichen wie denen der Armen gleiche Beachtung und berücksichtigen jedes Kind als Individuum mit seiner besonderen Beschaffenheit, seinen Erbanlagen, ehrgeizigen Bestrebungen und so weiter. Wir sind weder an einer Klasse, noch an den Kräftigen oder den Schwachen besonders interessiert, sondern an Freiheit und Einheitlichkeit des Einzelnen. Hingebung an die rechte Erziehung muß vollkommen freiwillig geschehen. Sie sollte nicht als Ergebnis irgendwelcher Form von Überredung oder irgendeiner Hoffnung auf persönlichen Gewinn kommen; auch muß sie frei von der Furcht sein, die dem Verlangen nach Erfolg und Vollendung entspringt. Wenn man sich selbst mit dem Erfolg oder Fehlschlag einer Schule identifiziert, liegt dies immer noch im Bereich persönlicher Beweggründe. Fühlt man sich zum Lehren berufen und betrachtet man die rechte Erziehung als ein wesentliches Erfordernis für den Menschen, dann wird man sich auf keine Weise durch seinen eigenen Ehrgeiz oder den eines andern behindern oder ablenken lassen; dann wird man Zeit und Gelegenheit für diese Arbeit finden und wird sie sich vornehmen, ohne Belohnung, Ehre oder Ruhm zu suchen. Dann erhält alles andere — Familie, persönliche Sicherheit, Behagen — untergeordnete Bedeutung.

Ist es einem ernst damit, ein wahrer Lehrer zu werden, so wird man nicht nur mit einem bestimmten Erziehungssystem, sondern mit allen gründlich unzufrieden sein, denn man erkennt, daß keine einzige Erziehungsmethode den Menschen freisetzen kann. Eine Methode oder ein System kann ihn höchstens von einem anderen Wertmesser abhängig, doch niemals frei machen.

Man muß auch sehr darauf achten, daß man nicht in sein eigenes besonderes System verfällt, welches der Verstand beständig aufzubauen sucht. Es ist sehr bequem und sicher, ein Schema für sein Betragen und sein Handeln zu haben, daher sucht der Verstand Schutz bei seinen eigenen Formulierungen. Unablässig wachsam zu sein, ist lästig und verlangt viel; doch erfordert es kein Denken, eine Methode zu entwickeln und ihr zu folgen. Wiederholung und Gewohnheit unterstützen die Trägheit des Verstandes; es muß ein Schock kommen, um ihn aufzuwecken, den wir dann ein Problem nennen. Wir versuchen, dieses Problem mit unseren abgenutzten Erklärungen, Rechtfertigungen und Urteilen zu lösen, und all dies schläfert den Verstand wieder ein. Unentwegt verfängt sich der Verstand in dieser Form der Trägheit, und der wahre Erzieher wird dem nicht nur bei sich selbst ein Ende setzen, sondern auch seinem Schüler helfen, dessen bewußt zu werden.

Einige mögen hier fragen: „Wie wird man zum wahren Erzieher?" Die Frage nach dem ‚Wie' deutet sicherlich auf einen unfreien Sinn, einen schüchternen Verstand, der nach Vorteil und Ergebnis strebt. Die Hoffnung und Anstrengung, etwas zu werden, läßt den Verstand sich lediglich dem gewünschten Ziele anpassen, während ein freier Sinn beständig beobachtet, lernt und damit seine selbstaufgeworfenen Hindernisse durchbricht. Freiheit liegt am Anfang, sie ist nicht etwas, das man am Ende gewinnt. Im Augenblick, da man ‚wie' fragt, sieht man sich unüberwindlichen Schwierigkeiten gegenüber, und ein Lehrer, der sein Leben ganz der Erziehung widmen möchte, wird niemals diese Frage stellen, denn er weiß, daß es keine Methode gibt, die einen zum rechten Erzieher macht. Ist man wirklich interessiert, so wird man nicht nach einer Methode fragen, die einem das gewünschte Ergebnis verbürgen soll.

Kann uns überhaupt ein System intelligent machen? Wir können durch die Schleifmühle eines Systems gehen und einen Rang nach dem andern erwerben; sind wir dann aber Erzieher, oder nur die Verkörperung eines Systems? Das Streben nach Belohnung, das Verlangen, ein hervorragender Erzieher genannt zu werden, bedeutet, Anerkennung und Lob zu begehren; und während es mitunter angenehm sein kann, geschätzt und ermutigt zu werden, kann sich dies auch als ein Betäubungsmittel erweisen, dessen man bald überdrüssig wird, wenn man zum Aufrechterhalten seines Interesses davon abhängt. Schätzung und Ermutigung zu erwarten, ist höchst unreif.

Soll irgend etwas Neues geschaffen werden, so braucht man Wachsamkeit und Energie, nicht aber Hader und Streit. Wenn man sich bei seiner Arbeit unbefriedigt fühlt, folgen im allgemeinen Langeweile und Überdruß. Hat man kein Interesse, so sollte man offensichtlich nicht weiter unterrichten. Warum aber besteht so oft ein Mangel an lebendigem Interesse bei Lehrern? Was verursacht das Gefühl der Unbefriedigtheit? Unbefriedigtheit entsteht nicht als Ergebnis von Umständen, die uns zwingen, dies oder jenes zu tun; sie taucht auf, wenn wir selber im Grunde nicht wissen, was wir eigentlich tun wollen. In unserer Verwirrung lassen wir uns herumstoßen und landen schließlich bei etwas, das uns nicht im geringsten anzieht.

Wenn Unterrichten wirklich unsere Berufung ist, mögen wir vielleicht zeitweise unbefriedigt sein, weil wir keinen Ausweg aus der heutigen erzieherischen Verwirrung wissen; aber im Augenblick, da wir die stillschweigenden Folgerungen rechter Erziehung erkennen und begreifen, werden wir wieder die nötige treibende Kraft und Begeisterung spüren. Es ist nicht Sache des Willens oder der Entschlossenheit, sondern der Wahrnehmung und des Verständnisses.

Ist das Unterrichten eine Berufung, und erkennt man die

tiefe Bedeutung rechter Erziehung, so kann man nicht umhin, ein wahrer Erzieher zu sein. Dann besteht kein Bedürfnis, einer Methode zu folgen. Eben das Verständnis der Tatsache, daß rechte Erziehung unerläßlich ist, wenn wir Freiheit und Einheitlichkeit im Menschen erreichen wollen, bewirkt einen grundlegenden Wandel in uns selber. Wenn man davon durchdrungen ist, daß Frieden und Glück für die Menschheit nur durch die rechte Erziehung entstehen können, wird man natürlich dem sein ganzes Leben und Interesse weihen.

Man unterrichtet, weil man ein Kind innerlich reich machen möchte, und daraus wird sich ergeben, daß es allem Besitz rechten Wert verleiht. Ohne inneren Reichtum erhalten weltliche Dinge übermäßige Bedeutung, und dies führt auf verschiedene Weise zu Zerstörung und Elend. Man unterrichtet, um den Schüler dazu anzuhalten, seine wahre Berufung zu finden und diejenigen Betätigungen zu vermeiden, die Feindschaft zwischen den Menschen fördern. Man unterrichtet, um der Jugend zur Selbsterkenntnis zu verhelfen, ohne die kein Frieden und kein bleibendes Glück bestehen kann. Solcher Unterricht ist nicht Selbsterfülung, sondern Selbstverleugnung.

Ohne die rechte Erziehung wird man Illusion für Wirklichkeit ansehen, dann liegt der Mensch auf ewig im Streit mit sich selbst, und hieraus entsteht Konflikt in seinen Beziehungen zu anderen — zur Gesellschaft. Man unterrichtet, weil man erkennt, daß nur Selbsterkenntnis, nicht aber Dogmen und heilige Bräuche organisierter Religionen einen ruhigen Sinn verleihen; und daß Schöpfung, Wahrheit oder Gott nur dann ins Dasein tritt, wenn das ‚Ich' und ‚Mein' überwunden ist.

VII.

GESCHLECHT UND EHE

WIE ANDERE MENSCHLICHE PROBLEME ist auch das Problem unserer Leidenschaften und geschlechtlichen Triebe zusammengesetzt und schwierig, und wenn der Erzieher selber nicht tief in es eingedrungen ist und die vielen Verwicklungen erkannt hat, wie kann er dann denen helfen, die er erziehen soll? Wenn eins der Eltern oder der Lehrer selber vom Aufruhr des Geschlechtslebens ergriffen ist, wie kann er dann das Kind leiten? Können wir den Kindern helfen, wenn wir selber die Bedeutung dieses ganzen Problems nicht erfassen? Die Art und Weise, wie der Erzieher eine Auffassung des Geschlechtlichen mitteilt, hängt von der Beschaffenheit seines eigenen Geistes ab; es hängt davon ab, ob er sanft und gelassen ist, oder von seinen eigenen Begierden verzehrt wird.

Warum ist aber das Geschlechtsleben für die meisten Menschen ein Problem voller Verwirrung und Konflikt? Warum ist es zu einem beherrschenden Faktor in unserem Leben geworden? Einer der Hauptgründe ist der, daß wir nicht schöpferisch sind; wir sind aber nicht schöpferisch, weil unsere gesamte gesellschaftliche und moralische Kultur wie auch unsere Erziehungsmethoden sich auf die Entwicklung des Verstandes beschränken. Die Lösung des Geschlechtsproblems liegt im Verständnis der Tatsache, daß Schöpfung nicht durch die Betätigung unseres Verstandes geschehen kann. Im Gegenteil, Schöpfung setzt erst ein, wenn der Verstand still geworden ist. Der Intellekt, der Verstand kann an sich nur wiederholen und sich erinnern, beständig ersinnt er neue Worte und ordnet die alten neu an; und da die meisten Menschen nur mit ihrem Kopf fühlen und erfahren, leben wir ausschließlich von Worten und mechanischen Wiederholungen. Dies ist offenbar nicht schöpferisch, und da wir so unschöpferisch sind, bleibt uns als letztes schöpferisches Mittel nur das Geschlecht. Das Geschlecht gehört zum Verstande, was aber zum Verstande gehört, muß sich selber erfüllen, sonst entsteht Unbefriedigung.

Unser Denken wie unser Leben ist klar, unfruchtbar, hohl und leer; gefühlsmäßig hungern wir, religiös und intellektuell sind wir stumpf und wiederholen uns; gesellschaftlich, politisch und wirtschaftlich lassen wir uns beherrschen und kontrollieren. Wir sind nicht glücklich, wir sind nicht lebendig und fröhlich; zu Hause, im Geschäft, in der Kirche oder in der Schule — niemals erfahren wir einen schöpferischen Seinszustand, in unserem täglichen Denken und Handeln gibt es keine tiefe Befreiung. Während wir so gefangen und an allen Seiten gehemmt sind, wird natürlich das Geschlecht zum einzigen Auslaß für uns, zu einer Erfahrung, die man wieder und wieder sucht, weil sie für einen Augenblick den Glückszustand bietet, der entsteht, wenn das Ich abwesend ist. Nicht das Geschlecht bildet unser Problem, sondern unser Verlangen, diesen Glückszustand wieder einzufangen und geschlechtliche oder andere Vergnügungen zu erlangen und festzuhalten.

In Wirklichkeit suchen wir nach tiefem, leidenschaftlichem Selbstvergessen, nach dem Identifizieren mit etwas, worin wir uns völlig verlieren können. Weil unser Ich so klein, so unbedeutend und eine Quelle des Leidens für uns ist, streben wir bewußt oder unbewußt danach, uns in individuellen oder Massenvergnügen, in hohen Gedanken oder in grober Sensation zu verlieren. Suchen wir unserem Ich zu entfliehen, dann sind die Mittel zur Flucht sehr bedeutsam, bis auch sie zu schmerzlichen Problemen für uns werden. Und sofern wir nicht die Hemmungen, die einem schöpferischen Leben und damit der Befreiung vom Ich im Wege stehen, untersuchen und begreifen, werden wir nie unser Geschlechtsproblem verstehen können.

Eins der Hindernisse zu schöpferischem Leben ist die Furcht; und Achtbarkeit ist eine Kundgebung dieser Furcht. Die Ehrbaren, die moralisch Gebundenen sind sich der vollen und tiefen Bedeutung des Lebens nicht bewußt. Sie sind innerhalb der Mauern ihrer eigenen Rechtschaffenheit eingeschlossen und können nicht darüber hinwegsehen. Ihre Moralität, wie aus buntem Glas, die sich auf Ideale und religiösen Glauben begründet, hat mit der Wirklichkeit nichts zu tun; und wenn sie dahinter Schutz suchen, leben sie in der Welt ihrer eigenen Illusionen. Aber trotz ihrer selbstauferlegten und befriedigenden Moral sind auch die Ehrbaren in Verwirrung, Elend und Konflikt.

Furcht, das Ergebnis unseres Verlangens nach Sicherheit, treibt uns zur Anpassung und Unterwürfigkeit unter eine Herrschaft und verhindert dadurch schöpferisches Leben. Schöpferisch zu leben bedeutet, in Freiheit zu leben, und das heißt, furchtlos zu sein; ein schöpferischer Zustand kann aber nur entstehen, wenn sich unser Sinn nicht im Verlangen und der Befriedigung des Verlangens verfängt. Nur wenn wir Herz und Sinn mit zarter Aufmerksamkeit beobachten, können wir die verborgenen Pfade unseres Begehrens enthüllen. Je nachdenklicher und liebevoller wir werden, desto weniger wird das Begehren unseren Sinn beherrschen. Nur wenn keine Liebe da ist, wird Sensation zum verzehrenden Problem.

Um dieses Problem der Sensationen zu erfassen, müssen wir uns ihm nicht nur aus einer Richtung, sondern von allen Seiten her nähern: der erzieherischen, der religiösen, der gesellschaftlichen und der moralischen. Sensationen sind so außerordentlich wichtig für uns geworden, weil wir übermäßigen Nachdruck auf Sinneswerte legen. In Büchern und Anzeigen, im Film und auf mancherlei andere Weise werden unaufhörlich alle Arten Sensation betont. Politische und religiöse Aufzüge, Theater und andere Formen von Vergnügungen verlocken uns, auf verschiedenen Ebenen unseres Seins nach Anregung zu suchen; und wir ergötzen uns an diesen Verlockungen. Die Sinnlichkeit wird auf alle mögliche Weise entwickelt, während man uns gleichzeitig das Ideal der Keuschheit vorhält. So richtet man in uns einen Widerspruch auf; und seltsamerweise wirkt gerade dieser Widerspruch anreizend.

Nur wenn wir das Streben nach Sensation, eine der Hauptbetätigungen unseres Geistes, begreifen, werden Vergnügen, Anregung und Gewaltsamkeit nicht länger vorherrschende Züge in unserem Leben sein. Weil wir nicht lieben, ist das Geschlecht, unser Verlangen nach Sensation, zu einem verzehrenden Problem geworden. Wenn Liebe da ist, besteht Keuschheit; doch wer v e r s u c h t, keusch zu sein, ist es nicht. Tugend kommt mit der Freiheit; sie entsteht bei dem Verständnis für das, was i s t.

Wenn wir jung sind, haben wir starke geschlechtliche Triebe, aber die meisten Menschen versuchen, dieses Verlangen zu kontrollieren und zu unterdrücken, denn wir glauben, daß wir uns ohne einen gewissen Zwang in Lüsternheit verzehren würden. Organisierte Religionen sind höchst besorgt um unsere geschlechtliche Moral; andrerseits erlauben sie uns, im Namen des Vaterlandes Gewalt und Mord zu begehen, uns dem Neid und listiger Grausamkeit hinzugeben und nach Macht und Erfolg zu streben. Warum sind sie so sehr um diese besondere Form der Moral besorgt und greifen niemals Ausbeutung, Gier und Krieg an? Geschieht es nicht deshalb, weil die organisierten Religionen als Teil der Umgebung, die wir geschaffen haben, gerade für ihr Bestehen von unseren Ängsten und Hoffnungen, unserm Neid und Streben nach Absonderung abhängig sind? Daher wird auf religiösem wie auf allen anderen Gebieten der Verstand innerhalb der Erfindungen seines eigenen Verlangens festgehalten.

Solange wir kein tiefgehendes Verständnis für den gesamten Ablauf unseres Verlangens haben, kann die Institution der Ehe, wie sie heute im Osten wie im Westen besteht, keine Lösung für unser Geschlechtsproblem bieten. Liebe läßt sich nicht durch die Unterschrift unter einen Kontrakt herbeiführen, noch gründet sie sich auf wechselseitige Befriedigung oder auf gegenseitige Sicherheit und Behagen. All dieses sind Eigenschaften des Verstandes, und daher nimmt die Liebe einen so geringen Platz in unserem Leben ein. Liebe gehört nicht zum Verstande, sie ist vollkommen unabhängig vom Denken mit seinen schlauen Berechnungen, seinen Forderungen und Reaktionen des Selbstschutzes. Wenn Liebe herrscht, ist Geschlecht kein Problem — erst der Mangel an Liebe schafft das Problem.

Die Hindernisse und Ausflüchte des Verstandes bilden unser Problem, und nicht das Geschlechtliche oder irgendein anderer besonderer Punkt; daher ist es so wichtig, den Vorgang in unserem Verstande zu begreifen, was ihn anzieht, und was ihn abstößt, was seine Reaktionen auf Schönheit und Häßlichkeit bewirkt. Wir sollten uns selber beobachten, uns dessen bewußt werden, wie wir unsere Mitmenschen ansehen, wie wir auf Männer und auf Frauen blicken. Wir sollten erkennen, daß die Familie zu einem Zentrum der Absonderung und der gesellschaftsfeindlichen Betätigungen wird, wenn man sie als Mittel zur Selbstverewigung um seiner eigenen Bedeutung willen benutzt. Wenn Familie und Besitz sich um das Ich mit seinen stets einengenden Wünschen und Bestrebungen konzentrieren, werden sie zu Werkzeugen der Macht und Herrschaft und eine Quelle des Konflikts zwischen dem Einzelnen und der Gesellschaft.

Die Schwierigkeit bei all diesen menschlichen Problemen liegt darin, daß wir Eltern und Lehrer selber völlig erschöpft und hoffnungslos, verwirrt und friedlos geworden sind; das Leben lastet schwer auf uns, wir wollen getröstet und geliebt werden. Wie aber können wir, die wir innerlich arm und unzulänglich sind, hoffen, dem Kinde die rechte Erziehung zu geben? Daher ist unser Hauptproblem nicht der Schüler, sondern der Erzieher; unser Herz und Sinn muß geläutert werden, wenn wir imstande sein sollen, andere zu erziehen. Ist der Erzieher selbst verwirrt, verdorben oder im Irrgarten seiner eigenen Wünsche verloren, wie kann er dann Weisheit mitteilen oder helfen, den Pfad eines andern auszuglätten? Wir sind keine Maschinen, die von Spezialisten verstanden und wiederhergestellt werden können; wir sind das Ergebnis einer langen Reihe von Einflüssen und Zufällen, und ein jeder muß selbst die Verwirrung seiner eigenen Natur enthüllen und begreifen.

VIII.

KUNST, SCHÖNHEIT UND SCHÖPFUNG

DIE MEISTEN MENSCHEN VERSUCHEN UNaufhörlich, sich selbst zu entfliehen; und da die Kunst ein ehrenwertes und leichtes Mittel dazu bietet, spielt sie im Leben vieler eine bedeutende Rolle. In ihrem Verlangen nach Selbstvergessen wenden sich manche der Kunst zu, andere dem Trinken, während wieder andere mystischen und phantastischen religiösen Lehren folgen. Was wir bewußt oder unbewußt zur Flucht vor uns selber benutzen, dem verhaften wir uns. Die Abhängigkeit von einem Menschen oder einem Gedicht oder sonst etwas als Mittel der Befreiung von unseren Sorgen und Ängsten schafft — obwohl sie für den Augenblick bereichern mag — nur mehr Konflikt und Widerstreit in unserem Leben. Wo Konflikt herrscht, kann kein schöpferischer Zustand bestehen; und die rechte Erziehung sollte daher dem Menschen helfen, seinen Problemen entgegenzutreten, anstatt die Wege der Ausflucht zu verherrlichen; sie sollte ihm helfen, seine Konflikte zu begreifen und auszumerzen, denn nur dann kann der schöpferische Zustand ins Dasein treten.

Kunst, vom Leben getrennt, hat keine große Bedeutung. Ist die Kunst von unserem täglichen Leben abgesondert, besteht eine Kluft zwischen unseren Instinkten und unseren Bemühungen auf der Leinwand, in Marmor oder in Worten, dann wird die Kunst nur zum Ausdruck unseres oberflächlichen Verlangens, der Wirklichkeit dessen, was i s t , zu entfliehen. Diese Kluft zu überbrücken, ist sehr mühsam, besonders für diejenigen, die begabt und technisch bewandert sind; doch erst wenn die Kluft überbrückt ist, wird unser Leben einheitlich und die Kunst zum harmonischen Ausdruck unserer selbst.

Der Verstand hat die Kraft, Illusionen zu schaffen; sucht man aber nach einer Eingebung, ohne die Eigenheiten des Verstandes zu begreifen, so fordert man Selbsttäuschung heraus. Die Eingebung kommt, wenn wir für sie offen sind, nicht aber, wenn wir um sie werben. Der Versuch, die Eingebung durch irgendeine Form des Ansporns zu gewinnen, führt zu allen möglichen Täuschungen.

Wenn man sich über den Sinn des Daseins nicht klar ist, verleiht eine Fähigkeit oder Gabe den Begierden des Ich Nachdruck und Bedeutung. Dann bekommt der Mensch die Neigung zur Selbstsucht und Absonderung; er fühlt sich als ein abseits stehendes und überlegenes Wesen, und all dies erzeugt viele Übel und endlosen Kampf und Schmerz. Das Ich ist aus vielen Wesenheiten zusammengesetzt, jede im Widerstreit mit den andern. Es ist ein Schlachtfeld einander widersprechender Wünsche, ein Mittelpunkt beständigen Ringens zwischen dem ‚Mein' und dem ‚Nicht-Mein'; und solange wir dem ‚Ich', dem ‚Mir' und ‚Mein' Bedeutung beimessen, werden die Konflikte in unserm Innern und in der Welt nur zunehmen.

Ein wahrer Künstler ist jenseits der Eitelkeit des Ich mit ihrem ehrgeizigen Streben. Hat er die Gabe, sich vorzüglich auszudrücken und ist trotzdem in weltlichen Dingen gefangen, so schafft er sich ein Leben voller Widerstreit und Kampf. Nimmt man sich Lob und Schmeichelei zu Herzen, dann bläht man das Ego auf und zerstört die Empfänglichkeit; und auch die Anbetung von Erfolg auf jedem Gebiet ist offensichtlich der Einsicht schädlich.

Jede Neigung oder Gabe, die zur Absonderung führt, jede Form des Selbstidentifizierens, wie anregend sie auch sein mag, verzerrt die Empfindsamkeit unserer Ausdrucksweise und erzeugt Unempfindlichkeit. Empfindsamkeit wird abgestumpft, wenn die Gabe persönlich wird, wenn dem ‚Ich‘ und ‚Mein‘ Bedeutung beigelegt wird — i c h male, i c h schreibe, i c h erfinde. Nur wenn wir jeder einzelnen Bewegung unseres Denkens und Fühlens in unseren Beziehungen zu Menschen, Dingen und der Natur bewußt werden, ist unser Sinn offen und biegsam, und nicht an Forderungen und Bestrebungen des Selbstschutzes gebunden; nur dann wird unsere Empfindsamkeit für das Häßliche und das Schöne vom Ich nicht behindert.

Die Empfindsamkeit für Schön und Häßlich läßt sich nicht dadurch herbeiführen, daß man sich an etwas haftet; sie entsteht mit der Liebe, wenn keine selbstgeschaffenen Konflikte mehr bestehen. Sind wir innerlich arm, so ergeben wir uns jeder Form äußerlicher Schaustellung, wie Reichtum, Macht und Besitz. Wenn unser Herz leer ist, sammeln wir Dinge. Können wir es uns erlauben, dann umgeben wir uns mit Gegenständen, die wir für schön halten, und da wir ihnen ungeheure Bedeutung beimessen, werden wir verantwortlich für viel Elend und Zerstörung.

Erwerbssinn ist nicht Liebe zur Schönheit; er entsteht aus dem Wunsch nach Sicherheit, und sicher zu sein, heißt, unempfindlich zu sein. Das Verlangen nach Sicherung schafft Furcht; es setzt einen Vorgang der Isolierung in Gang, der Mauern des Widerstands um uns her aufrichtet, und diese Mauern verhindern alle Empfindsamkeit. Wie schön auch ein Gegenstand sein mag, er verliert nur zu bald seinen Reiz für uns; wir gewöhnen uns an ihn und anstatt Freude empfinden wir Leere und Langeweile. Die Schönheit ist noch da, aber wir sind nicht länger für sie empfänglich: sie ist in unser eintöniges tägliches Dasein eingesaugt worden.

Da unsere Herzen verdorrt sind und wir vergessen haben, wie man gütig ist, wie man die Sterne, die Bäume oder einen Widerschein auf dem Wasser betrachtet, brauchen wir den Anreiz von Bildern und Juwelen, von Büchern und endlosen Vergnügungen. Beständig suchen wir nach neuen Erregungen und Antrieben und fordern nach einer stets wachsenden Mannigfaltigkeit von Sensationen. Eben diese Begierden und ihre Befriedigung machen Sinn und Herz müde und stumpf. Solange wir nach Sensation streben, haben die Dinge, die wir schön und häßlich nennen, nur sehr oberflächliche Bedeutung. Bleibende Freude kommt erst, wenn wir imstande sind, uns allen Dingen frisch zu nähern — was nicht möglich ist, solange wir an unsere Begierden gebunden sind. Das Verlangen nach Sensation und Befriedigung verhindert die Erfahrung dessen, was ewig neu ist. Sensation kann man kaufen, nicht aber die Liebe zur Schönheit.

Werden wir der Leere unseres eigenen Sinnes und Herzens gewahr, ohne vor ihr zu einer neuen Art Reiz oder Sensation davonzulaufen, sind wir vollkommen offen und aufs höchste empfindsam, dann kann Schöpfung eintreten, dann werden wir schöpferische Freude finden. Wenn wir das Äußerliche allein ausbilden, ohne unser Inneres zu verstehen, bauen wir unvermeidlich Werte auf, die die Menschheit zu Zerstörung und Leid führen müssen.

Das Erlernen einer Technik kann uns wohl Arbeit verschaffen, wird uns jedoch nicht schöpferisch machen; empfindet man dagegen Freude und schöpferische Begeisterung, so wird man einen Weg finden, sich auszudrücken, und braucht keine Ausdrucksweise zu studieren. Will man wirklich ein Gedicht schreiben, so schreibt man es, und wenn man die Technik besitzt, um so besser; warum aber das betonen, was nur ein Mittel ist, sich mitzuteilen, solange man nichts zu sagen hat? Wenn Liebe in unserem Herzen wohnt, suchen wir nicht nach einem Weg, um Worte aneinander zu reihen. Große Künstler und große Schriftsteller mögen schöpferisch sein, aber wir sind es nicht, wir sind bloß Zuschauer. Wir lesen unzählige Bücher, hören wunderbare Musik, betrachten Kunstwerke; niemals jedoch erfahren wir das Erhabene direkt; unsere Erfahrung geht immer durch ein Gedicht, durch ein Bild oder durch die Person eines Heiligen. Um zu singen, muß man ein Lied in seinem Herzen haben; und weil wir das Lied vergessen haben, folgen wir dem Sänger. Ohne einen Mittler fühlen wir uns verloren; aber wir m ü s s e n uns verlieren, ehe wir irgend etwas entdecken können. Entdeckung ist der Beginn von Schöpfung; und wie wir es auch anfangen mögen, ohne Schöpfung wird es weder Frieden noch Glück für die Menschheit geben.

Wir glauben, daß wir glücklich und schöpferisch leben könnten, wenn wir eine Methode, eine Technik, einen Stil erlernen würden; schöpferische Freude entsteht jedoch nur mit innerem Reichtum, man kann sie niemals durch ein System erlangen. Selbstverbesserung — eine andere Art der Sicherung des ‚Ich' und ‚Mein' — ist nicht schöpferisch, noch ist sie Liebe zur Schönheit. Schöpfung tritt zutage, wenn man sich beständig der Wege seines Verstandes wie der Hindernisse, die er sich selber errichtet, bewußt wird.

Freiheit, etwas zu schaffen, kommt mit der Selbsterkenntnis; aber Selbsterkenntnis ist kein Talent. Man kann schöpferisch sein, ohne irgendein besonderes Talent zu haben. Schöpfung ist ein Seinszustand ohne die Konflikte und Leiden des Ich, ein Zustand, in welchem der Verstand nicht in den Forderungen und Bestrebungen der Begierde gefangen ist. Schöpferisch zu sein bedeutet nicht nur, Gedichte zu schreiben, Skulpturen zu machen oder Kinder zu zeugen; es bedeutet, sich in einem Zustand zu befinden, in welchem die Wahrheit ins Dasein treten kann. Wahrheit tritt zutage, wenn das Denken völlig aufhört; und das Denken hört nur dann auf, wenn unser Ich abwesend ist, wenn der Verstand nicht mehr erzeugt, daß heißt, wenn er nicht länger in seinem eigenen Streben gefangen ist. Ist der Sinn vollkommen still, ohne zur Ruhe gezwungen zu werden oder geschult zu sein, wird er still, weil das Ich untätig ist, dann entsteht Schöpfung.

Liebe zur Schönheit kann sich in einem Lied oder in einem Lächeln oder in Schweigen äußern; doch die meisten Menschen haben keine Neigung zum Schweigen. Wir haben keine Zeit, die Vögel oder die dahineilenden Wolken zu beobachten, weil wir zu sehr mit unseren Tätigkeiten und Vergnügen beschäftigt sind. Wenn in unserem Herzen keine Schönheit wohnt, wie können wir dann den Kindern helfen, wach und empfindsam zu sein? Wir versuchen, für Schönheit empfänglich zu werden und weichen dem Häßlichen aus; aber das Vermeiden des Häßlichen führt zu Unempfindlichkeit. Wollen wir in unsern Kindern Empfindsamkeit entwickeln, dann müssen wir selber für Schönes wie Häßliches empfänglich sein, und wir müssen jede Gelegenheit wahrnehmen, in ihnen die Freude zu erwecken, die alles Betrachten der Schönheit begleitet — nicht nur der Schönheit, welche der Mensch geschaffen hat, sondern ebenso der Schönheit in der Natur.

Weitere Werke von Krishnamurti in deutscher Sprache

Gedanken zum Leben

Aus den Tagebüchern von J. Krishnamurti
herausgegeben von D. Rajagopal
3 Bände zu je 304 Seiten

Band 1
Ideal und Wirklichkeit

*

Band 2
Konflikt und Klarheit

*

Band 3
Verstand und Liebe

*

Der Konflikt zwischen Ideal und Wirklichkeit hindert uns am Verständnis der Realität, an der Lebensbewältigung, am wahren Glück in Freiheit.

Krishnamurti philosophiert nicht im Abstrakten. Er führt anhand alltäglicher Beispiele und Begegnungen zu einer neuen Geisteshaltung, zu einer neuen Art der Anschauung des Ich und der Umwelt.

Revolution durch Meditation

Meditation ist das Entfalten des Neuen. Das Neue liegt jenseits der sich wiederholenden Vergangenheit und geht darüber hinaus — und Meditation ist das Beenden dieser Wiederholung.

40 Kapitel, 192 Seiten

Frei sein!

Kann der Mensch sich aus seinen Bedingtheiten befreien? Und wenn ja: Was bedeutet es?

33 Gespräche, 192 Seiten

Schöpferische Freiheit

Ist schöpferisches Leben in Freiheit nur für einige Auserwählte da? Oder ist es allen erreichbar? Und wie kann man es verwirklichen?

16 Kapitel, 211 Seiten

Krishnamurti in deutscher Sprache im
HUMATA VERLAG HAROLD S. BLUME

61286 Bad Homburg   A-5020 Salzburg   CH-3000 Bern 6
Fach 1645   Bergstr. 16   Fach 196